권학편

권학편 중국근현대사상총서 005

초판 1쇄 발행 2017년 6월 14일

지은이 장지동
옮긴이 송인재
펴낸이 강수걸
편집장 권경옥
편집 정선재 윤은미
디자인 권문경
펴낸곳 산지니
등록 2005년 2월 7일 제333-3370000251002005000001호
주소 부산시 해운대구 수영강변대로 140 BCC 613호
전화 051-504-7070 | 팩스 051-507-7543
홈페이지 www.sanzinibook.com
전자우편 sanzini@sanzinibook.com
블로그 http://sanzinibook.tistory.com

ISBN 978-89-6545-425-0 94150
      978-89-6545-329-1(세트)

* 책값은 뒤표지에 있습니다.
* 2007년도 정부(교육과학기술부)의 재원으로 한국연구재단의 지원을 받아
수행된 연구임(KRF-2007-361-AM0001)
* 이 도서의 국립중앙도서관 출판예정도서목록(CIP)은 서지정보유통지원시스템
홈페이지(http://seoji.nl.go.kr)와 국가자료공동목록시스템(http://www.nl.go.kr/
kolisnet)에서 이용하실 수 있습니다.(CIP제어번호: CIP2017012018)

중국근현대사상총서
005 _____

권학편

勸學篇

장지동 지음 • 송인재 옮김

산지니

장지동의 『권학편』은 19세기가 거의 끝나는 시기인 1898년에 세상에 나왔다. 그 시기 중국은 굴욕과 대격변을 겪고 있었다. 19세기 중반부터 아편전쟁과 청일전쟁을 겪으면서 오랑캐라고 부르며 비하하던 서양과 일본에게 차례로 패배했기 때문이다. 오죽하면 2008년 베이징올림픽 전후에 한 중국지식인은 '중국이 지금 최근 100년 중 가장 좋은 시절을 지나고 있다'고 했을까. 19세기 말부터 서양인들은 중국을 '동아시아의 병자', '잠자는 사자'라고 불렀고, 서양 언론은 중국의 처지를 호박이나 파이처럼 조각조각 나뉘는 신세로 그렸다. 굴욕이 몰고 온 대격변 앞에서 중국인들은 활로를 모색해야 했다. 그 방편으로 '오랑캐'를 선생으로 삼아 '오랑캐'를 이기는 전략을 선택했다. 영국 해군학교에 유학생을 보내서 자신들을 제압한 군사기술을 배워 오라 했고, 청일전쟁 이후에는 일본 고위관료에게 자국 젊은이들을 가르쳐 달라고 부탁하면서 국비유학생을 대규모로 파견했다. 영국 유학생 대열에는 스펜서의 사회진화론, 애덤 스미스의 국부론을 중국에 소개한 옌푸가 있었고 일본 유학생의 대열에는 현대문학의 거장 루쉰이 있었다. 전쟁 이전에도 서양선교사들이 서양의 지식을 중국에 들여왔지만 굴욕과 대격변의 시기에 와서야 본격적으로 새로운 지식과 기술 습득의 필요성을 절감하고 외부로 눈을 돌린 것이다.

1898년은 청나라 국내 정치에서도 중요한 해다. 입헌군주제를 필두로 정부 조직, 교육, 산업, 상업, 군사 등 사회 전 분야의 개혁을 내세운 이른바 '무술변법운동'이 일어났다. 개혁운동은 비록 서태후 등 보수파의 반격으로 100여 일 만에 끝이 났지만 무술변법의 등장은 사회를 전반적으로 개혁해야 중국이 살 수 있다는 의식이 거세게 퍼져 있었음을 방증한다.

『권학편』은 청일전쟁 이후의 유학생 파견, 무술변법과 밀접한 관련이 있다. 장지동은 이 책에서 일본 유학의 필요성과 장점을 역설하고, 각종 관련 방안을 상당히 구체적으로 논하고 있다. 이는 단순한 주장에 그친 것이 아니라 19세기 말에서 20세기 초, 유학생 정책의 기조가 되었다고 평가된다. 다른 한편으로 장지동은 아편전쟁 이후 무술변법파와 친분이 있었지만 정치적으로는 정치개혁에 반대하는 양무파와 의견을 같이했다. 『권학편』에서 장지동은 민권론, 의회설립 등에 반대하는 주장을 내놓으며 그러한 면모를 보여준다. 그래서 이 책은 출판 후에 "당시의 변법운동은 물론 사회발전을 막고 있다.", "우리의 부패 문화를 이용해서 우리의 부패 민족을 다스리려 한다."는 비판을 받았다. 후세에는 "유신변법에 대항하는 대표작"이라는 평가도 받았다. 이와 관련해서 흔히 『권학편』은 서양의 기술만을 받아들이고 가치관과 정치체제는 중국 고유의 것을 그대로 유지하려는 이른바 '중체서용'(中學爲體, 西學爲用)론을 대변한다고 알려져 있다. 그러나 '중학위체, 서학위용'이라는 표현은 『권학편』에 등장하지 않는다. 게다가 『권학편』의 등장 시기는 양무운동이 시작하거나 진행되는 시기가 아니라 양무운동이 끝나는 시기였다. 이념적으로 도구적 지식인 기술과 이념적 지식인 가치관을 분리하고 정치적으로 변법파와 대립하면서 양무운동의 입장에 공명하는 형상이 조성되었다고 판단하는 것이 타당하다.

『권학편』의 의미는 역사적 상황이나 정치적 지형도가 아니라 그토록 극심한 격변의 시대에 학문의 권장이 절실한 시대의 요청으로 등장했다는 데 있다. 책에서 내세운 '학문의 권장'이라는 메시지는 언뜻 딱딱하고 고루해 보일 수도 있다. 양무파 고위 관료라는 장지동의 이미지 때문에도 그렇고, 취학 전부터 성인이 된 후에도 끊임없이 무언가를 더 공부하라고 압박을 받는 이 학습과잉 시대에 학문의 권장이라는 메시지가 스트레스를 더하는 느낌을 줄지도 모르겠다. 더구나 책에서 배우라고 소개하는 지식이 전통시대의 것이거나 익숙한 현대문명이라고 느껴질 수도 있다. 그러나 『권학편』에서 습득하라고 권장하는 지식은 전통시대 지식인들이 사회적 지위 획득을 위해 습득했던 과거 시험용 지식도 아니고, 오늘날 유행하는 자기계발, 경제적 이익을 위한 지식도 아니다. 지적 유희나 허양을 위한 지식은 더더욱 아니다. 『권학편』에서 다루는 지식은 국가가 존망의 위기에 처하고 가치관이 흔들리는 대격변의 시기에 대응하는 핵심 수단이었다.

세상의 변화는 단순한 세상질서만의 변화가 아니다. 그 세상을 살아가는 사람들에게는 지금까지 알던 지식만으로 더 이상 살아갈 수 없음을 의미했다. 장지동은 개혁사상가가 아니라 보수적인 고위관료다. 청나라 정부의 업적을 한없이 찬양하고 유교 가치관의 보존을 역설한다. 그러나 다른 한편으로 과거응시와 출세를 위해 팔고문을 익히고 경서의 장구해석에만 매달리는 구시대 학자들을 요순공맹의 죄인이라 부르며 거침없이 비판한다. 그리고 수많은 서양지식을 수입해서 새롭게 익혀야 한다고 책 전체에서 외치고 있다. 비록 신학문을 사농공상이라는 기존 사회의 신분질서에 대입해서 이해하고 있지만 서양학문에 대한 해박한 지식을 보여주고 중국을 굴복시킨 기술 못지않게 제도와 역사를 공부하는 것이 중요하다고 역설한다. 새로운 지식 습득에 보다 넓게 길을 열어두고 있는 것이다. 이것이 장지동을 유학이나 보수의 틀로만 평가할 수 없는 이유다.

변화는 19세기 말의 중국뿐만이 아니라 현재 전 세계의 추세다. 오히려 그 속도와 양은 그때에 비할 수 없다. 본인이 아는 지식과 익숙한 삶의 방식에만 빠져 있으면 자신도 모르는 사이에 위기가 찾아온다. 이처럼 이미 겪고 있거나 앞으로 닥쳐올 변화와 위기에 제대로 맞서기 위해 지속적인 혁신을 요구받고 있는 지금, 100여 년 전 장지동의 고민은 맥락상 거리가 그렇게 멀지 않다. 오히려 우리는 그 연장선상에 살고 있다.

일러두기

1. 이 책은 張之洞, 『勸學編』, 鄭州: 中州古籍出版社, 1998을 우리말로 옮긴 것이고, 다음 판본을 참조했다.
   영인본 沈雲龍 主編, 『近代中國史料叢刊第九輯: 勸學編』, 臺北: 文海出版社, 1967.
   영역본 Chang Chih-tung, *China's only hope*, translated by Samuel I. Woodbridge, Boston and Chicago: United Society Christian Endeavor, 1900.
   일역본 濱久雄, 『勸學篇』, 明德出版社, 2006.
2. 장 제목은 원본 제목의 의미를 최대한 살리면서 장별 내용을 드러낼 수 있도록 번역했다.
3. 중국 인명과 지명은 한국어 한자발음으로 표기했다.
4. 본문은 한글 전용을 원칙으로 하고 가독성을 위해 필요할 때 해당 단어나 문장의 원어를 병기했다.
5. 이해를 돕기 위해 필요한 부분에 옮긴이 주석을 첨부했다.

차례

외편 外篇

서문

　초나라 장왕莊王(?~B.C 591)¹⁾은 근면해야 살 수 있다고 백성을 훈
계했고 매일 군비를 점검하라고 군사들에게 당부했으며 재난은 불
시에 닥칠 것이라고 나라 사람들을 일깨우며 패권을 누렸다. 무릇
초나라는 노나라 문공文公과 선공宣公 연간(기원전 626~591)²⁾에 영
토가 넓고 군사력이 막강하며 국력은 날로 신장되어서, 제齊나라
·진晉나라·진秦나라·송宋나라 등이 맞설 엄두를 내지 못했다. 그
누가 초나라에 대적하여 피해를 입힐 수 있었겠는가! 왜 이렇게 경
계하고 다급해하는가? 군자는 말한다. "재난이 앞으로 닥칠 것을
알지 못하면 극심한 치욕을 당할 것이고 재난이 닥칠 것을 안다면
복이 찾아올 것이다." 오늘날 세상은 급변하고 있다. 춘추시대에
도, 원나라, 명나라 때에도 이렇지는 않았다. 옛날 공공共工이 광분
하거나 신유辛有가 비통해 했을 때도 지금에 비유할 바가 못 된다.³⁾

---

1) 초나라 장왕의 성은 미芈이고 이름은 려旅(혹은 呂, 侶)이며 재위 기간은 기원전
　 613~591년이다. 초나라 장왕은 제齊나라의 환공桓公, 진晉나라의 文公, 진秦나
　 라의 목공穆公, 송宋나라의 양공襄公 등과 함께 '춘추 오패五覇'로 불린다. '춘추
　 오패'에 대해서는 다른 설도 있다.
2) 노나라 문공과 선공의 재위기간은 각각 B.C 626~609년, B.C 608~591년이다.
3) 共工之狂, 辛有之痛. 공공은 중국 고대 신화에 등장하는 서북쪽의 홍수신이다.

조정에서는 끼니를 거를 정도로 쉬지도 못한 채 근심하고 분발해서 줄을 바꾸어가며 거문고와 비파를 타서[4] 우수한 인재를 문무대신의 자리에 앉히려 한다. 학당을 설립하고 경제특과[5]를 신설하자 나라의 뜻있는 선비[志士]들이 분발해서 적극적으로 나선다. 시대를 구원하려는 사람은 신학新學을 말하고 도道의 훼손을 걱정하는 사람은 구학舊學을 지키려 한다. 구학파는 목이 막힌다고 먹지 않고 신학파는 너무 많은 것을 한꺼번에 보아서 양이 도망친다. 구학파는 회통을 모르고 신학파는 근본을 모른다. 회통을 모르면 상황에 맞게 적에 대처할 줄 모르고 근본을 모르면 기본 윤리를 폄하하는 마음이 생긴다. 상황이 이러면 구학파는 점점 신학에 대해 우려하고 신학파는 점점 구학을 싫어하게 되어 서로를 공격한다. 그리고 기괴한 학설, 위험한 사상, 유교 파괴, 개혁의 주장들이 잡다하게 따라 나와서 민심을 어지럽힌다. 학자는 마음이 평온하지 못하고 중심이 없어져 바르지 못한 말과 행동으로 세상을 마구 누빈다. 적이 다가왔을 때는 그들과 맞서 싸울 사람이 없고 적이 아직 오지 않았을 때는 그들이 우리를 넘보지 못하도록 나라를 지킬 사람이 없다. 아마 중국의 재난은 사해 밖이 아니라 구주九州(중국) 안

염제의 후손으로서 황제의 후손 전욱顓頊과의 전쟁에서 패하자 분해서 부주산不周山을 머리로 들이받아 하늘과 땅이 기울어졌다고 전해진다. 신유는 동주시대의 대부이다. 주나라 왕실이 쇠락하자 매우 비통하게 느꼈다.
4) 改弦以調琴瑟. 제도개혁을 비유한 말이다.
5) 경제특과經濟特科는 청말 국내외 시무에 통달한 사람을 선발하기 위한 과거시험 과목이다.

에 있는 것 같다! 내가 생각해보니 예로부터 세운世運의 명암과 인재의 성쇠는 그 표면은 정치에 있고 그 내면은 학문에 있다.

나는 호남湖南과 호북湖北을 관장하는 직책에 올라 선비를 교육하고 백성을 교화하는 책임을 맡아 밤낮으로 이 문제와 씨름하며 도움이 될 수 있는 길을 생각했다. 이에 마음으로 오늘날 나라의 상황을 조망하고 문제의 근본本과 말단末을 한데 모아 24편짜리 책으로 엮어서 호남과 호북 두 지방의 선비들에게 고한다. 나라 안의 군자들 중 나와 뜻을 같이하는 사람이 있다면 모습을 드러내기 바란다. '내편'은 문제의 근본本을 다루어서 사람의 심성을 바르게 하고 '외편'에서는 회통通을 다루어 기풍을 개화시킨다.

내편은 다음 아홉 장으로 이루어졌다.

1장 동심同心: 나라를 지키고[保國], 교리를 지키고[保敎], 종족을 지키는 것[保種]이 일맥상통함을 밝힌다. 손과 발이 원활이 움직이면 머리와 눈도 건강하고 혈기가 왕성하면 마음도 강건해진다. 현명한 인재가 많으면 국운도 자연히 융성해진다.

2장 교충敎忠: 본 왕조(청나라 조정)의 은덕이 두터워서 온 나라의 신민들이 충성스런 마음을 갖고 나라를 지킬 수 있음을 진술한다.

3장 명강明綱: 삼강은 중국에 대대로 신성하게 전해 내려오는 지고한 가르침이자 예법과 정치의 근본이며 인간이 금수가 되는 것을 막는 큰 방어막으로서 교리를 지킬 수 있다.

4장 지류知類: 신명神明의 후예가 평민으로 전락해서 망하게 될까 두려워함으로써 종족을 보존한다.

5장 종경宗經: 주나라와 진나라 여러 학파의 주장에는 결점이 많지만 장점도 있으므로 그 일부를 참고하는 것은 허용되나 원칙을 깨뜨리는 것을 배워서는 안 된다. 반드시 성현의 도리에 충실해야 한다.

6장 정권正權: 신분의 위아래를 구분하고 백성의 뜻을 정해서 민권이 정치를 어지럽히는 것을 배척했다.

7장 순서循序: 먼저 들어온 것이 주가 된다. 서양의 학문을 공부하기 전에 반드시 중국의 학문을 잘 알아야 근원을 잊지 않는다.

8장 수약守約: 새로운 것에 기뻐하는 자는 행복하고 옛것을 좋아하는 자는 괴롭다. 중국의 학문을 지키고자 하다면 그 핵심 내용을 잘 뽑아서 습득해야 한다.

9장 거독去毒: 양약이 난립하고 있다. 우리 백성들이 살아가려면 그것이 다시는 살아 나오지 않도록 잘라버려야 한다.

외편은 다음 열다섯 장으로 이루어졌다.

1장 익지益智: 우매하면 남의 공격을 받고 정신을 차리지 못하면 재난이 생긴다.

2장 유학游學: 세상 돌아가는 일을 잘 알고 기지를 신장시키며 견문을 넓히고 능력과 지혜를 증진시키려 한다면 외국 생활을 겪어

보아야 한다.

3장 설학設學: 학당을 널리 설립해서 시대에 필요한 것을 비축하고 팔고문八股文만 공부하는 사람들의 어리석음을 깨우쳐준다.

4장 학제學制: 서양 국가는 학교가 있기에 강대해질 수 있었다. 교사는 일정한 기준을 정해놓고 학생들은 이에 잘 따랐다. 가르치는 자의 지침인 수방授方과 인재를 적절히 등용하는 임능任能은 모두 여기에서 나왔고 우리는 여기서 좋은 것을 채택해서 따라야 한다.

5장 광역廣譯: 서양의 군대를 따르는 것은 그 이로움에 한계가 있지만 서양의 책을 번역하는 것은 그 이로움이 무궁하다.

6장 열보閱報: 아주 가까운 곳은 보기가 어렵고 쓴 약은 먹기 어렵다. 내부의 폐단을 알아내어 신속히 없애버리고 외부의 근심거리를 알아내어 미연에 방지한다.

7장 변법變法: 옛것을 답습하기만 하면 자신을 지킬 수 없다.

8장 변과거變科擧: 배우는 것과 배운 것을 활용하는 일은 서로 연계된다.

9장 농공상학農工商學: 백성은 먹여 살려야 지킬 수 있고 가르쳐야 먹여 살릴 수 있다. 농업, 공업, 상업을 가르친다면 이익을 낼 수 있다.

10장 병학兵學: 병사들을 가르치는 것보다 지휘관을 가르치는 것이 더 낫다. 병사를 훈련시키는 것은 쉽지만 지휘관을 교육하는 것은 어렵다.

11장 광학鑛學: 땅에서 이익을 낸다.

12장 철로鐵路: 혈기를 통하게 한다.

13장 회통會通: 서양 학문의 정수를 알고 중국학문에 통달함으로써 고질적인 폐단을 정확히 파악한다.

14장 비미병非弭兵: 안일을 추구하도록 가르쳐 자멸하는 풍토를 혐오한다.

15장 비정교非政敎: 작은 감정을 내세워서 큰 일을 망침을 혐오한다.

24장의 취지는 대략 다음 다섯 가지를 아는 것이다.

첫째, 부끄러움을 안다. 일본, 터키, 샴, 쿠바에 뒤처지는 것을 부끄러워한다.

둘째, 두려움을 안다. 인도, 베트남, 미얀마, 조선, 이집트, 폴란드처럼 되는 것을 두려워한다.

셋째, 변화를 안다. 관습을 고치지 않으면 법을 고칠 수 없다. 법을 고치지 않으면 수단을 고칠 수 없다.

넷째, 핵심을 알다. 중국 학문의 핵심은 옛것을 고증하는 것이 아니라 실용을 추구하는 것이다. 서양 학문도 이렇게 구분된다. 핵심은 서양 기술[西藝]이 아니라 서양 제도[西政]이다.[6]

---

6) 서정에는 학교, 지리, 재정, 세무, 국방, 법률, 산업(勸工), 통상 등이 속하고, 서예에는 산술, 회화, 광업, 의학, 음향학, 화학, 전기 등이 속한다. 외편 3장 참조

다섯째, 근본을 알게 된다. 나라 밖에서도 나라를 잊지 않고 다른 풍속을 보고도 부모를 잊지 않으며 지혜롭고 민첩하면서도 성인을 잊지 않는다.

여기서 말한 것은 내가 『중용』에 있는 내용을 뽑아 정리한 것이다. 노나라는 약한 나라였다. 애공哀公이 정치에 대해 묻자 공자는 "학문을 좋아하는 것은 지혜[知]에 가깝고 힘써 실천하는 것은 어짊[仁]에 가깝고 부끄럼을 안다는 것은 용기[勇]에 가깝습니다."라고 대답했다. 그리고 "이 원리를 실천할 수 있으면 당장은 어리석더라도 틀림없이 똑똑해질 것이고 유약하더라도 반드시 강해질 것입니다."라고 결론지었다. 이 책의 "내편"에서 말하는 것은 어짊을 도모하는 일이며 "외편"에서 말하는 것은 지혜와 용기를 도모하는 일이다. 『중용』이 어찌 그 본의를 약간만 탐구하고 도리를 제한적으로만 논했겠는가? 공자는 노나라가 예를 갖추었지만 국력이 나날이 쇠약해져서 제齊나라, 주邾나라, 오吳나라, 월越나라 등이 노나라를 군사력으로 농락하자 노나라 신민臣民의 무지함을 깨고 노나라 선비들의 몹쓸 병을 깨우쳐서 노나라가 빨리 문왕, 무왕 시기의 성세를 되찾기를 바랐다. 따라서 배우지도 않고 힘도 없고 부끄러움도 없으면 어리석고 약해지며, 배우고 힘이 있으며 부끄러움을 알면 현명하고 강해지는 것이다. 더구나 노나라에는 칠십만 방리方里[7]의

---

7) 1방리는 오늘날의 1/4제곱킬로미터에 해당한다.

땅과 사백 조의 인민이 있지 않았는가?

나는 우리나라의 선비들이 안락함에만 안주하여 앞으로 닥칠 재난을 알지 못할까 걱정해서 초나라의 사례를 거론했다. 또한 스스로 쉽게 포기하여 강해지기를 더이상 도모하지 않을까 걱정해서 노나라의 사례를 거론했다. 『주역』에는 "망할까 망할까 하여 우거진 뽕나무에 메어둔다"고 했다. 망하지 않으려고 해야 강함을 알게 된다.

광서 24년(1898년) 3월

남파南皮 장지동 씀

내편

內篇

1장

한마음[1)
同心

범중엄范仲淹(989~1052)은 수재 시절에 천하의 일을 자신의 일로
생각했다. 정호程顥(1032~1085)와 정이程頤(1033~1107)는 "낮은 관직
에 있는 선비[一命之士]가 사물을 이롭게 하는 데 마음을 둔다면 다
른 사람을 구제할 수 있다."라고 했다. 고염무顧炎武(1613~1682)는
"아무리 천한 필부라도 천하를 보호하는 데 공동의 책임이 있다."
고 했다. 무릇 수재가 맡는 책임은 어느 정도일까? 낮은 관직에 있
는데 얼마나 구제할 수 있을까? 필부가 맡는 책임은 얼마나 될까?
하지만 천하의 많은 수재들이 선비의 책임을 다한다면, 천하의 관
직에 임명된 사람들이 신하로서의 책임을 다한다면, 천하의 필부
들이 백성으로서의 책임을 다하여 모두가 흔들리지 않는 꿋꿋한
마음과 고난을 마다하지 않는 뜻을 가진다면, 그 나라는 반석 위
에서 안정되어 뒤집히지 않는다. 따라서 사람들마다 가족을 사랑

1) 영어판 제목은 United hearts이다.

하고 윗사람을 제대로 대하면 천하는 안정되고 사람들마다 지혜와 용기를 제대로 발휘하면 천하는 강성해진다. 대개 전성기에는 상庠(지방학교)에서는 학문을 권장하고 관청에서는 능력 있는 자를 잘 키우며, 조정에서는 위에서 할 일을 제대로 하고 아래에서는 인재가 길러진다. 위기의 시대에는 사대부들이 절개와 지조를 잘 지키고 백성들은 의기를 발휘하여 직언으로 군주를 깨우치며 넓은 학문으로 세상을 구제하고 마음을 하나로 모아 폐단을 바로잡고 힘을 모아 환란을 막아낸다. 아래에서 인재가 분발하니 조정이 위에서 안정된다.

춘추시대 말기 주나라 왕실이 실권을 잃고 허울만 남게 되었다. 공자는 난적亂賊들을 꾸짖고 맹자는 인의仁義를 밝히자 제자들이 천하에 가득 찼다. 그리고 주나라의 왕실은 200여 년 더 존속하고 공자 문하 72현의 후학들이 세상에 널리 퍼졌다. 서한西漢시대에는 유술儒術이 크게 성행하고 성인의 도가 밝게 드러나 아주 오랫동안 큰 역할을 했다. 동한東漢 말기에는 명예와 절개의 경학이 가장 성행했다. 이응李膺(110~169), 곽태郭泰(128~169)[2]와 뜻을 함께하는 사람들과 정현鄭玄(127~200)[3]의 문하생들도 천하에 가득 찼다. 조정 안팎에 품행을 중시하고 명분을 숭상하는 사람들이 많았

---

2) 이응과 곽태는 서로 교유하면서 동한 환제桓帝 연간에 환관의 전횡에 반대했다. 당시 이응은 사예교위司隸校尉였고 곽태는 대학생 수령이었다.
3) 정현은 한대 경학을 집대성한 학자로서 동한 시대의 경학자이다. 자는 강성康成이다.

다. 이에 동탁과 조조 등의 찬탈은 성공하지 못하고 촉한蜀漢이 세워졌다. 제갈량諸葛亮(181~234)은 은거한 채 농사를 지었지만 스승과 벗이 아주 많았다. 그들은 모두 천하의 호걸이었고 천하의 큰일을 이루려 했다. 그래서 유비가 뜻을 이루어 왕업을 이루었다. 조조의 위나라는 수隋나라 땅까지 세력을 뻗쳤다. 강북에서는 모두 정현의 학문을 숭상했기 때문에 북조에서는 군사적인 사안에서는 의견일치를 못 보았지만 유가의 학풍은 무너지지 않았다. 수나라 왕통王通(584~618)은 도학으로 황하와 분양汾陽 지역에서 제자들을 많이 거느렸다. 당나라가 천명을 받들 때[佐命: 건국을 의미함]는 방현령房玄齡(579~648), 두여회杜如晦(585~630), 위징魏徵(580~643), 설수薛收(592~624) 등이 함께했다. 그들의 책은 과장된 수사가 있지만 그렇다고 모두 사실과 다르지는 않다. 방현령과 두여회 등이 꼭 문인인 것은 아니었다. 따라서 정관貞觀(당태종)이 다스리던 시절에는 현자가 많았고 백성들의 삶은 편안했다. 당나라의 한유韓愈(768~814)는 도의 근원을 탐구해서 불교와 도교를 배척하고 맹자를 우러렀으며 백이를 찬미했다. 문장에서는 『시경』, 『서경』, 『예기』, 『악기』, 『역경』, 『춘추』 등 6경을 근본으로 삼았다. 북송 시대에는 정통학문이 크게 빛을 보아 학통과 문체가 모두 풍성했다. 이에 따라 대학자들이 많이 등장했다. 송대에는 한, 당보다 훨씬 학술이 정도를 걸었고 풍속이 깔끔했다. 국맥이 두터웠기 때문에 국력이 약했지만 망하지 않았다. 송나라 유학은 강상綱常을 중시하고 의로움와 이로움을 구분했으며 주자가 그 내용을 집성했다. 당시에 그것을 충분히 다 활용하지는 않았지만 그의 제자와 그를 학술적으로 존경해서 스승으로 삼으려는 사람이 천하에 가득 찼다. 원나라 시대에는 허형許衡(1209~1281), 유인劉因(1249~1293), 오유청(吳幼淸), 염희헌廉希憲(1231~1280) 등이 있었는데 원나라 조정의 박해로 유학자가 감소했다. 명나라 시대에는 주희의 학문을 숭상했고 중기 이후부터는 왕수인의 학문이 그와 대등해졌다. 모두 명교를 지키고 지조를 강화하는 데 힘을 쏟았다. 300년 동안 지위가 높은 사람은 사리 분별이 어두웠지만 신하들이 아래에서 충성을 다한 덕에 명나라 왕실의 맥이 이어졌다. 함풍咸豊 연간(1851~1861)부터 나라 안의 큰 난리가 차례로 평정되었다. 이는 모두 은덕이 두텁고 상부의 조치가 적절했기 때문이다. 또한 증국번曾國藩(1811~1872), 호림익胡林翼(1812~1861), 낙병장駱秉章(1793~1867), 좌종당左宗棠(1812~1885) 등 여러 공신들이 먼 거리에서도 조정의 부름에 응했기 때문이다. 하장령賀長齡(1785~1850), 하희령賀熙齡(1788~1846), 도주陶澍(1779~1839), 임칙서林則徐(1785~1850) 등이 이미 20년 전에 연구에 힘쓸 것을 주장했고 진경용陳慶鏞(1795~1858), 원갑삼袁甲三, 여현기呂賢基(1803~1853), 왕무음王茂蔭(1798~1856) 등의 건의 일부가 조정에 받아들여졌다. 따라서 학술이 인재를 만들었고 인재는 나라의 기둥이 되었다. 이는 모두 지난 역사가 명백히 증명하며 우리나라 선현들이 멀리하지 않은 좋은 길이다.

들자 하니 오늘날 세상의 변화를 구원하려는 방법에는 세 가지가 있다고 한다. 하나는 나라의 보존, 또 다른 하나는 성인이 내려

준 교리의 보존, 마지막 하나는 중화종족의 보존이다. 이 세 가지는 하나로 통한다. 국가, 교리, 종족의 보존이 합쳐져 하나의 마음이 되는 것을 동심同心이라고 한다. 종족을 보존하려면 반드시 먼저 교리를 보존해야 하고 교리를 보존하려면 반드시 먼저 나라를 보존해야 한다. 종족은 어떻게 보존하는가? 지혜가 있으면 가능하다. 지혜란 교리를 말한다. 교리는 어떻게 실천하는가? 힘이 있으면 가능하다. 힘이란 군사력을 말한다. 따라서 국가의 위세가 없으면 가르침이 제대로 이루어지지 못하고 국가가 흥성하지 않으면 종족도 보존될 수 없다. 이슬람교는 이치에 맞지 않는다. 터키가 용맹하고 싸움을 즐겨서 이슬람교가 존속한다. 불교는 이치에 가깝다. 인도가 어리석어서 불교가 망했다. 페르시아 경교景教[4]는 나라가 약해지자 교리가 바뀌었다. 그리스의 구교는 있는 듯 없는 듯하다. 천주 예수교는 지구의 십 분의 육에서 활동하는데 군사력이 그것을 가능케 한다. 중국 성현의 교리는 중국에서 수천 년 동안 이어져 내려왔고 바뀌지 않았다. 삼황오제가 이치를 밝히고 법규를 내리면서 군주가 스승을 겸했다. 한나라, 당나라 그리고 명나라 시대에는 유술儒術을 숭상했으며 교리로 정치를 했다. 우리 청나라 조정의 많은 성현들은 공자, 맹자, 정호/정이, 주희를 숭상하고 이단을 몰아내며 경전의 의미를 해석하고 실천하고 천하를 교화시켰다. 생명이 있는 자라면 모두 웃어른을 공경할 줄 알았다. 따라서

---

4) 네스토리우스파 기독교를 가리킨다. 당나라시대 중국에 기독교를 전파한 선교사 알로펜Alopen(阿羅本)이 페르시아인이었기 때문에 페르시아 경교라 불렀다.

살아있는 이라면 모두 웃사람과 조상을 우러를 줄 알았다. 정치와 교리가 서로 별개가 아님은 시대가 바뀌어도 변하지 않는 원칙이며 중국과 서양의 공통된 이치이다.

우리나라의 기초는 깊고 견고해서 하늘의 명이 반드시 함께한다. 만약 서양에서 청나라를 쪼개어 갖는다는 망설이 실제로 이루어진다면 성현의 도가 높고 아름답다 한들 무슨 소용이 있겠는가? 사서오경은 하찮은 물건처럼 여겨져 버려지고 유생의 관과 옷에는 벼슬의 희망이 없어질 것이다. 교활한 자들은 모두 목사, 매판, 서양인의 심부름꾼이 될 것이다. 우둔한 사람만 세금을 성실히 내고 병역과 부역을 할 뿐이다. 신분이 천할수록 어리석고, 어리석고 천하게 지내는 세월이 길수록 빈곤 속에서 고통받다가 죽어 어느 순간 갑자기 사라져 버린다. 성현의 교리는 인도의 브라만교처럼 깊은 산중에 숨어서 손상된 채로 있을 것이다. 중화종족은 아프리카의 흑인들처럼 평생 노예로 살면서 매와 욕설을 면해보려 하지만 그럴 수 없을 것이다.

오늘의 시국에는 오로지 충성과 애국을 진작하고 부강을 도모하며 조정을 존숭하고 사직을 보호하는 것이 가장 중요한 가치이다. 정치인은 군주를 깨우치고 생각을 모아 이익을 넓히는 것을 본분으로 삼는다. 언론관은 직언直言과 극간極諫을 본분으로 삼는다. 변방의 관리는 식량과 군사를 충분히 확보하고, 장수는 부끄럼을 확실히 밝혀 싸움을 가르치고, 군대에서는 상급자와 연장자를 죽음을 다해 모시며, 선비들은 세상일에 통달해야 한다. 이것이 이들의 본분이다. 임금과 신하가 한 마음을 갖고 사민四民(사농공상)이 힘을 합하면 유가[洙泗]⁵⁾의 가르침과 신명神明의 후예가 의지할 곳이 있을 것이다. 관중은 환공을 모시고 천하를 평정했다. 이것이 나라의 보존이다. 이로써 공자는 이 때문에 백성들이 지금까지 은혜를 입는다고 생각했다. 맹자는 왕도를 지켜 후학을 기다렸다. 이것이 교리의 보존이다. 이로써 양나라의 위기를 걱정하고 제나라 선왕이 제나라 백성의 안전을 도모하기를 바랐다. 그러니 나라를 보존하지 않고 교리와 종족을 보존할 수가 있겠는가? 오늘날 시대를 몹시 걱정하는 선비는 오로지 공자의 학문을 떠받드는 행위를 교화의 방법이라 생각하거나 오로지 군중의 행동에 영합하는 것이 종족 보존의 방법이라 생각하지만 나라, 교리, 종족의 안위가 함께함을 간과한다. 『춘추좌씨전』의 "가죽이 남아 있지 않으면 털은 어디서 자라겠는가?", 『맹자』의 "나라를 잘 다스릴 수 있다면 누가 그를 쉽게 모독하려 하겠는가?"라는 말은 모두 이런 경우를 두고 하는 말이다.

---

5) 洙泗는 노나라의 양대 강 洙水와 泗水의 줄임말이다. 공자가 이 두 강의 사이에서 강학활동을 했다는 데서 유래해서 유가의 대명사로 사용된다.

2장

충성을 가르친다
敎忠

한나라, 당나라 이후 우리 청나라보다 백성을 위하는 나라는 없었다. 그 사실을 말하려 한다. 하, 은, 주 삼대에는 백성에게 곡물[粟米], 베올[布縷]을 징수했고 부역의 의무를 지웠으며 성당盛唐 시대(당현종~태종 시대, 625~756)에는 조租, 용庸, 조調라는 조세의 의무가 있었다. 이는 좋은 정치의 사례로 꼽혀왔다. 후에 진秦나라에서 인두세 제도를 만들었고 한나라는 꾸러미 단위로 돈 세는 방법을 사용했다. 수나라는 담당 관리들을 두어 호구를 늘렸고 당나라는 토착민을 포용해서 도망가지 않게 했다. 당나라부터 5대 말기, 송나라 초기에는 식염전食鹽錢이 있었고 당나라 중기와 북송시대에는 청묘전靑苗錢이 있었다. 송나라에는 수실법手實法이 있었고 금나라에는 백성의 재력형성을 막는 제도가 있었다. 모두 통상적인 세금인 토지세와 부역에 추가된 것이다. 명나라 만력 연간(명 신종神宗 시대, 1573~1620)에는 일조편법이 시행되었고 인두세의 세액은 둘로 나뉘었다. 명나라 말기에는 요향遼餉, 초향剿餉, 연향鍊餉이라는 과세도 있었다. 청나라 강희 52년부터는 정인丁人(성인)이 되면 영구적으로 과세를 하지 않는다는 취지의 제도를 시행했다. 옹정 4년에는 정은丁銀을 토지세(전량錢糧)에 포함시키는 제도를 실시했다. 건륭 27년에는 호구를 조사해서 장부에 기록하는 제도를 폐지했다. 따라서 역대 왕조의 가혹한 세금 징수는 청대에 와서 모두 사라졌다. 세금은 토지에 대해서 부과되고 세율은 토지의 면적에 의해 결정된다. 보통 품관品官, 사리士吏, 백공百工, 한민閒民 심지어 이택里宅, 잡화점[貨肆], 대부업[錢業], 환전점[銀行] 등은 집안에 토지생산이 없고 물건을 유통시켜 장사를 한다면 평생 관청에 세금을 한 푼도 내지 않았다.

순치 원년에는 선대 명나라의 3향 제도를 없애버렸다. 강희 연간에는 또다시 강소지방의 인두세 40만, 옹정 3년에는 소蘇, 송松 지역 전체의 지방 인두세 45만을 감면했다. 남창 지역 전체의 지방 인두세 17만을 감면했다. 건륭 2년에는 강소지역의 지방 인두세 20만을 감면했다. 동치 4년에는 강남 지방의 인두세 30만을 감면했다. 강남지방에서는 곡물 50여 만 석을 덜 징수하고 절강에서는 곡물 26만여 석을 덜 징수했다. 초기의 제도는 점차 확대 보급되어서 세액을 줄이고 또 줄였다. 이것이 어진 정치의 첫 번째, '세금 감면'이다.

선대(명나라)에는 부역이나 조세를 면제해주는 범위가 현 단위의 작은 지방에 머물렀다. 청나라 시대부터 특히 강희제·건륭제 시절에는 나라 전체의 모든 세금을 면제한 일이 여덟 차례였고 곡물로 내는 세금을 면제해준 적은 네 번 있었다. 가경제 시절에는 나라 전체에서 곡물로 내는 세금을 거두지 않은 적이 한 번 있었다. 수해나 가뭄으로 도움이 필요하면 세금의 일부를 면제해주었는데 어느 해에도 면제해주지 않은 적이 없고 액수가 수백만이었던 적이 다반사였다. 위에서 손해를 보고 아래에 혜택을 주었던 경우를 합산하면 규모가 경이나 해 단위를 넘어선다. 이것은 어진 정치의 두 번째, '백성에 관대함'이다.

역대의 빈곤을 구제한 사례는 역사서에서 그리 많이 보이지 않는다. 구제를 위한 곡창이나 백성의 이주, 식량 공급 등이 그 방법이다. 송나라 시대에는 하북 지역이 재해를 입자 부필富弼(1004~1083)이 백성구제를 위해 조 100만 석을 빌려줄 것을 천자에게 건의했다. 그리고 항주에 재난이 발생했을 때는 소식蘇軾(1037~1101)이 도첩度牒(출가증명서) 수백 부를 발행하여 세금을 면해줄 것을 청원했다. 청나라 조정은 보통 재난이 발생하면 큰 비와 같은 그 자상한 마음과 은덕을 베풀었다. 보통 규모가 수만이었다. 예를 들면, 광서제 때부터 재난 구제는 끊이지 않았다고 기록으로 남아 있다. 정축년(광서3년, 1877)부터 무인년(광서4년, 1878)까지 산서, 하남, 섬서, 직예의 재난을 구제하기 위해 지출한 돈은 3000만을 넘었다. 그 밖에 수도권이나 강소, 절강, 사천, 호남, 호북 각 성에 재난이 있을 때 한 번에 수백만 혹은 백여 만을 지출했다. 이전 왕조는 이런 일이 드물었다. 현재는 재정이 궁핍하고 서양 각국에 대한 채무가 늘어났지만 재난 구제를 위해 많은 돈이 들더라도 아까워하지 않는다. 심지어 황태후의 어소에 올리는 돈을 줄이고 황제의 개인 창고의 재정을 내놓아 천자의 자비를 베풀어 때를 놓치지 않고 사람들을 널리 구제한다. 이것이 어진 정치의 세 번째, '재난 구제'다.

이전 왕조들은 대공사를 할 때 한결같이 백성들을 징발했고 그들이 목적지에 가서 거주하거나 물건을 보내는 비용을 관청에서는 지급하지 않았다. 만리장성, 치도馳道, 변하汴河의 공사는 말할 것도 없고 수나라의 동도 건설, 명나라의 연경 건설에서는 모두 민간인과 기술자를 징발해서 나라 안이 어지러웠고 사망자도 날로 늘어갔다. 또한 한나라의 오하午河 개발, 양나라의 회수匯水 댐공사, 당나라의 간척사업, 송나라의 회하回河 계획은 모두 백성들의 기력을 피폐하게 하였다. 청나라의 공사에서는 모두 대가를 지급한다. 하천공사 하나를 보아도 그렇다. 예컨대 하천 공사를 위해 일 년에 지출하는 돈이 보통 수백만이고 제방이 터진 곳이 생기면 1000여만을 국고에서 지출한다. 강변 거주민들은 힘들어하지 않을 뿐 아니라 만족스런 생활을 할 수 있게 된다. 이것이 어진 정치의 네 번째, '일하는 사람에 대한 배려[惠工]'다.

이전 왕조의 관청에서는 민간의 상품을 사는 것을 화매和買, 화적和糴이라 했다. 강제로 관청에서 정한 가격에 따라 주거나 비용을 주지 않는 경우가 있었다. 이런 일은 당송시대의 역사서, 주의奏議, 문집 등에서 관련 기록이 보이며 백성에게 주는 타격 중 가장 컸다. 청나라 조정에서는 궁중이나 관청에 필요한 물품이 있을 때 일체 백성에게 폐를 끼치지 않는다. 소주와 항주에서 직물을 만들고, 호남·호북·광동에서 목재를 만들 때 비용은 모두 국고에서 지불했다. 상인이나 일꾼들이 모두 이득을 보았다. 그러나 상인이 나라의 공사를 하청 받거나 관아의 물품을 공급해서 부를 축적했다는 말은 들었어도 상인들이 공사나 물품 공급으로 손해를 보았다는 말은 들어보지 못했다. 자산子産(공손교公孫僑, 580~522)은 정나라 상인과의 계약에서는 "강제로 판매시키기 없기, 강탈하기 없기"를 명기했다. 이것이어진 정치의 다섯 번째, '상인 보호[恤商]'다.

지방의 특산품을 조정에 올리는 제도는 요순시대부터 있었다. 그렇지만 한나라의 용안龍眼과 여지荔枝, 당나라의 금조禽鳥, 명나라의 준치鰣魚는 모두 아주 구하기 어려운 것들이다. 그래서 이런 물품들을 중앙 정부에 올리려면 지방 관청과 백성들은 모두 큰 손해를 입었다. 다른 귀중품에 대해서는 미루어 짐작할 수 있을 것이다. 청나라에는 이런 것이 있기는 하지만 조정에 올리는 물품에 진귀하거나 희귀한 것은 없다. 광동지역에서는 석, 벼루, 묵, 향, 황등黃橙, 간려干荔 등을 올린다. 강남지역에서는 잔, 부채, 붓, 먹, 향, 약 등을 올린다. 호북지역에서는 차, 죽순, 쑥, 칡 등을 올린다. 다른 성도 이런 수준이다. 중앙관청에서 재정을 지출하기 때문에 지방 재정을 어렵게 하지 않는다. 송나라 진종眞宗은 옥청궁玉清宮과 소응궁昭應宮을 보수할 때 공사에 필요한 목재와 석재, 금, 주석, 단청 등을 구주 전체에서 징발했다. 외진 산골짜기까지 샅샅이 뒤지고 안탕雁蕩산6)까지 길을 닦아서 이 장소들이 세상 사람들에게 알려졌다. 역사서에는 이를 "일이 모두 마무리되자 백성들의 기력은 쇠진하고 생활을 궁핍해졌다."라고 적는다. 송나라 휘종徽宗은 희귀한 화석이나 해산물을 바치라고 명하고 이를 위해 집과 성곽을 파괴했으며 약탈까지 했다. 이 때문에 백성들이 편히 살 수 없어서 후에 대란이 일어났다. 지금 백성들은 궁중에 상납하는 것이 무엇인지 알지 못한다. 이것이 어진 정치의 여섯 번째, '공물 감소[減貢]'다.

이전 왕조에서는 황제가 궁궐 밖으로 행차하면 백성들을 고생시켰다. 한나라와 당나라, 송나라부터 동쪽에서는 양보산에서 땅에 제사를 지내고 서쪽에서 제사를 지내느라 나라 전체가 시끌벅적했다. 명나라 무종武宗 경우, 북쪽으로는 선부宣府·대동大同, 남쪽으로는 금릉까지 갔는데 제멋대로 굴며 마구 행동했다. 심지어 어떤 경우에는 그 행동이 군주의 덕목을 위반하기까지 했다. 진나라나 수나라의 경우는 말할 것도 없다. 청나라 때는 수차례 남방 시찰을 했고 간간이 동쪽과 서쪽도 시찰했다. 대체로 지방의 백성들을 돌아보면서 강이나 하천의 토목공사를 점검하고, 해안의 제방 점검, 재해 조사, 병자 방문, 인재 직접 발굴 등을 했다. 거쳐 가는 군과 현에서는 돈이나 식량을 받지 않았다. 길을 넓히는 일에는 궁중 내부 창고나 국가의 자금을 사용했다. 그렇지 않을 때는 대개 소금상

---

6) 안탕산은 오늘날 저장성 원저우시 북부에 위치한 산으로서 중국 10대 명산 중하나이다. 산 정상에 호수가 있고 갈대가 무성해서 가을 기러기들의 서식지가 된다고 하여 붙여진 이름이다.

의 자금을 사용했는데 누적된 적자를 해결해주거나 포상도 했다. 오늘날까지 들리는 말에 의하면 당시 시중 상점은 번성했고 백성들은 즐겁게 지냈으며 작은 근심이나 걱정도 없었다고 한다. 이것은 어진 정치의 일곱째, '사치의 경계'다.

이전 왕조에서는 정벌전쟁에 민간인을 군대로 징용한 일이 많았다. 한나라는 강남과 회남에서 군사를 징용해서 흉노정벌에 나섰다. 당나라는 관중關中과 삼보三輔의 군대를 동원해서 남조南詔⁷⁾를 토벌했다. 그러자 농촌은 황무지가 되고 가족은 해체되었으며 군사들 중에는 사상자가 반을 넘어서 얼마 안 되는 자들만이 살아 돌아올 수 있었다. 당나라의 부병府兵 제도, 명나라의 둔위屯衛를 서생들은 좋은 제도라고 했다. 그러나 본래 농민들을 조직해서 강제로 전투에 나서게 하고 국경을 수비하게 해서 고통을 주는 일은 근심스럽고 원망스러우며 애처로운 일이다. 사마광司馬光(1019~1086)이 그 타당성을 논했고 우겸于謙(1398~1457)은 이 제도를 개선한 적이 있다. 북송 시대에는 관군으로 등재하고 의용義勇군을 비판하며 보갑保甲을 훈련시켰다. 당시 중앙 조정과 민간에서는 그것이 잘못되었다고 보았다. 청나라의 군사제도는 농민들을 고생시키지 않는다. 팔기군의 근위병을 제외하고는 건륭 연간 이전에는 녹영綠營을 많이 임용했고 가경 연간 이후에는 지방의 의용군인 향남鄕男을 편입시켰다. 그들은 응모하러 와서 급료를 받고는 매우 기뻐했다. 서

---

7) 남조는 738~902년에 있었던 나라이다. 위치는 윈난, 구이저우, 쓰촨, 베트남, 티베트의 일부 지역에 약간씩 걸쳐 있다.

명을 하여 계약한 병사를 파견하는 일은 없었다. 이것은 어진 정치의 여덟째, '군인에 대한 배려'다.

이전 시대에는 나라에 큰 일이 있을 때 재정이 부족하면 그 부족분을 백성들에 할당해서 거두어들였다. 한나라와 당나라 때부터 모두 그러했다. 현재 지방지배 담당관인 토사土司는 오히려 이 풍습을 유지하고 있다. 예를 들어 송나라 선화 때에는 요나라를 토벌하기 위해서 나라 전체에서 면부전 6200만 꾸러미[緡]를 갹출했다.(채록蔡絛의 『철위산총담鐵圍山叢談』 참고) 선화 연간에는 경제전經制錢이라는 부가세를 징수하기 시작했다. 소흥 연간 이후에는 경제전, 월장전月莊錢, 판장전版帳錢, 절백전折帛錢 등이 있어서 일 년에 수천만 꾸러미를 거두었지만 일꾼들에게 좋은 대우를 해주지는 않았다. 명말에는 군사를 일으키면 군량 부족분을 보충하기 위해서 처음에는 요향遼餉을 추가하고, 뒤이어 초향剿餉을 추가하고, 또다시 연향練餉을 추가해서 세수가 모두 2000만이 증가했다. 만약 이 방법을 사용한다면 군량 조달은 용이할 것이다. 우리 청조에서는 하천 공사나 군대 모집이 있으면 군량 조달 방법을 특별히 실시하는데 백성들에게 세금을 부과하지는 않는다. 매년 소금상에 기부를 요청하고 관직과 작위를 주어 격려하고 학교입학이나 과거합격자 정원을 늘렸다. 중앙 정부에서는 아무 거리낌 없이 상황에 따라 정책을 조정했는데 결코 백성들의 생계를 위협하는 일은 하지 않았다. 이것이 인정의 아홉 번째, '비상대책의 실행'이다.

폭정이 심했던 진나라 때부터 형벌은 마구 행해졌고 가혹했다.

양한과 수당 시대에는 큰 차이가 없었고 송나라에는 정도가 약간 약해졌고 명대에는 다시 가혹해졌다. 청조의 입법은 공평하고 적정하며 하늘과 같이 어질다. 이는 『대청률大清律』 한 권에 모두 담겨 있다. 하나, 멸족의 법이 없다. 둘, 육체적 형벌이 없다. 셋, 형벌을 심리하는 관청에서는 부당한 형벌이나 고문을 금하고 이를 어긴 자는 파면한다. 넷, 죽을죄를 지었더라도 실정을 판단해서 처벌수위를 낮추며 정상참작을 할 만한 처지에 있는 사람은 형부에서 가려내어 칙명을 청하는데 대개 죄가 경미한 자가 많았다. 다섯째, 장 100대를 선고받은 자는 형벌을 줄여서 실제로는 장 40대의 형벌만을 처하며 여름에 날이 더우면 감형하라는 지시를 보내어 다시 32대로 줄인다. 여섯째, 노인이나 어린 사람은 관대하게 처리한다. 일곱째, 고아는 누군가가 양육한다. 여덟째, 죽을죄를 지은 자는 옥에 가두어도 대를 끊지는 않는다. 아홉째, 군복무를 하는 자가 죄를 저질러도 너무 먼 곳으로는 보내지 않는다. 이는 한대의 법과 다른 점이다. 지금은 성단城旦과 귀신鬼薪[8]을 집행할 때도 송나라 때처럼 사문도沙門島로 유배 보낼 때 정원이 차면 바다에 던져 버리는 식의 행위는 하지 않는다. 열 번째, 관직에 있는 여성이 금전으로 속죄를 할 때 한대처럼 직실織室을 바치거나 당대처럼 액정을 없애버리거나 명대처럼 교방敎坊으로 보내버리던 학정은 있

---

8) 진한시기 시행되던 처벌방식이다. 城旦은 처벌로 범죄자를 변방에 보내 국경 수비나 축성을 시키는 형벌이다. 鬼薪은 귀족의 자제가 성단 형벌을 받을 때 종묘에서 녹봉을 대신 가져가는 것이다.

지 않다. 죽을죄를 지었으면 반드시 형부刑部, 도찰원都察院, 대리사大理寺로 이루어진 삼법사三法司의 심의를 거치고 가을에 판결을 심의할 때는 황제가 흰옷을 입고 대학사는 두 손으로 책을 받치고 있으면서 두 세 차례 심의를 하고 죄를 판명한다. 만약 나라에 경축행사가 있다면 결정을 중지하고 처벌 수위를 한 단계 낮춰준다. 한해에 처벌이 결정되는 자는 나라 전체에서 200~300명을 넘지 않는다. 한문제가 한 해에 400명을 사형시킨 것에 비하면 그보다 훨씬 낮다. 만약 죄가 사형감이 아닌데 사형시키려는 것을 실입失入이라 하고 죽어 마땅한데 가볍게 처벌하는 것은 실출失出이라 한다. 처벌을 과하게 내려서 한 사람을 사형시키면 사법관(臬土, 얼사)과 순무, 순무직을 겸임한 총독도 한 등급씩 관직 급수를 낮추고 이를 번복할 수는 없다. 너무 가벼운 처벌을 한 것이 다섯 번 이내이면 자리는 그대로 두되 직급을 내리고 10번 이상부터 강등을 하고 사안을 진술하여 칙령을 청한다. 만약 어떤 사건의 판결이 어렵다면 잘잘못을 가리는 조사를 하고 여러 차례 심문을 하면서 수차례 조사를 진행해서 그릇된 판결을 시정한 경우가 무수했음이 역대 임금의 조서에서 발견된다. 이것이 어진 정치의 열 번째, '신중한 형집행'이다.

남과 북을 각기 다른 조정이 지배하고 나라 밖과의 교류가 단절되었던 시절에는 백성들이 오랑캐들에 의해 약탈당하고 납치되어 팔아넘겨져도 조정에서는 이에 관여하지 않았다. 청조는 그 어짊이 나라 밖까지 퍼졌다. 쿠바에 속아 팔려간 돼지새끼(쿠리)와 미국에서 학대받는 화공華工 문제에 대해 특별히 사신을 파견해서 해당국과 조약을 맺어 그들의 신체와 가정을 보호하고 가혹한 행위를 금할 것을 규정했다. 이것이 정부의 물품과 병기참고를 관리하던 자금으로 노나라 사람을 사 온 일이나 세 군의 백성을 내어주고 한나라 땅을 되찾아 온 것과 무엇이 다를까! 이것이 어진 정치의 열한 번째, '멀리 감싸기'다.

이전 시대에 무력을 남용하던 왕조에서는 백성을 살해해서 국력을 키웠다. 청조의 무력은 강희제와 건륭제의 두 시기에 가장 강했다. 그때는 군사력을 키우는 것이 그른 일이 아니었다. 그러나 알바진Albazin을 되찾아 경계비를 세웠고 카흐타Kyakhta는 서로 침범한 끝에 무역이 시작되었다. 월남은 청조에 사죄하러 와서 죄를 사면받았고 코칸드는 청조의 위엄에 눌려 영토 확장을 포기했다. 도광 시대(청 선종 연간)에서 지금까지 서양 각국에서 수차례 불화를 일으켰지만 도리어 기꺼이 스스로 굽히고 화친을 맺은 것은 백성의 목숨을 아끼는 마음이며 백성들을 흉한 무기와 맹렬한 화염 속에서 잃고 싶지 않은 마음이다. 만약 대원군의 난으로 조선을 얻고 양산의 승리로 월남을 손에 넣는다면 또 무엇이 불가능하겠는가? 이것이 어진 정치의 열두 번째, '군사를 거두기'다.

청조에서는 사대부에 대한 대우가 아주 좋다. 이는 송대와 동일하다. 양한대에는 귀족을 중용했고 북조에서는 무장을 다수 임용했으며 육조에서는 권세가들만을 임용했다. 조광윤이 세운 송나라에서는 관리의 자제를 관리로 임용하는 행위를 남발했다. 심하게는 위나라에서는 환관이나 하인들도 주와 군의 장관이 되었고 당에서는 악공이나 장사치도 조정 관리가 되었다. 또 명나라에서는 도사와 목공을 육경六卿에 임명했다. 원나라에서는 법을 편향되게 제정해서 고관과 중요한 권한은 모두 몽고인과 색목인이 독식했고 한인과 남송의 유민은 이에서 소외되었다. 청조에서는 능력 있는 사람을 등용함에 일정한 제한이 없고 빈곤한 사대부들도 천자가 채용하여 은혜를 베풀었으며 제사를 지내는 장소인 벽옹辟雍에도 행차하여 시험답안을 몸소 검토한 후 가난한 유생, 귀족의 자제, 명문 구 귀족을 고루 등용했다. 또 동위에서는 대신들을 주륙하는 것이 일상사였고 당대에는 전곡의 출납을 맡던 관리를 매로 때렸으며 조정에서 장형을 시행했다. 명대에는 동창의 환관이 독형毒刑과 연장延杖의 권한을 가지고 충직한 신하들에게 그 형벌을 가했다. 충성스런 신하의 피가 여기저기 흩뿌려져서 세상의 분위기는 암흑과 같았다. 이는 그 어느 것도 견줄 수 없는 학정이었다. 청조는 예를 갖추어 사대부를 대한다. 형벌 집행에는 착오가 없으며 사대부를 욕보이는 일도 없다. 또 당송대에는 관리를 먼 곳으로 좌천시킬 때 하루 만에 바로 수도의 성문 밖으로 쫓아버리고 정해진 기한을 늦추고 머물 수가 없어서 가까운 벗이 그를 송별할 수도 없다. 명대에 제상이 쫓겨날 때는 즉시 가마에 올라 출발한다. 이전 왕조에는 모두 당고黨錮와 학금이 있었고 벌은 다음 세대에까지 적용되었으며 죄는 친한 벗까지도 연루시켰다. 청조는 나아가고 물러설 때 예를 갖추고 눈이 멀었다고 그 몸 전체를 못 쓰게 하지는 않는다. 이것이 어진 정치의 열세 번째, '사대부를 중시하기'다.

지금까지의 왕조에서 황족이나 주군의 총애를 받는 자는 안하무인격의 폭력을 마구 행사해서 백성에게 최대의 해로움이었다. 한나라의 외척과 상시常侍, 북위의 왕족과 무신, 당대의 귀주貴主·금군禁軍·오방五坊의 아이와 감군칙사監軍勅使, 원대의 승려집단, 귀족 명대의 번부藩府, 광사礦使, 변방군, 제기, 방사, 향관 등은 관리를 위협하고 모독했으며 백성들에게 잔혹하게 굴어서 온 나라에 해를 입혔다. 청조에는 이런 일이 일체 없다. 법령은 정숙하게 시행되고 백성들은 편안히 산다. 이것이 어진 정치의 열네 번째, '법령 수정'이다.

청조에서는 공로가 있는 신하에 후한 대우를 해주고 전사를 잘 대우해주며, 공을 세우고 봉작을 세습하는 것은 논하지 않는다. 전장에서 몸을 다친 자는 살아 있기만 하다면 관직과 품계를 올려주고 세습되는 관직世職을 내린다. 3품 경거도위輕車都尉부터 7품인 은기위恩騎尉까지 그러하다. 정원 외의 무관인 외위外委, 생원, 국사감國士監 학생 중 순국한 자도 모두 이에 해당한다. 이 직책은 20여 번을 세습하거나 서너 차례 세습한다. 세습하는 횟수가 다하면 모두 은기위恩騎尉의 직위를 주어 세습하게 하고 변경은 하지 않는다. 황제의 자리[皇祚]는 무수히 세습되고 황제가 내리는 봉록은 끝이 없다. 함풍咸豊 연간부터 지금까지 경사京師와 순천부順天府 그리고 각 성에서 충성을 다한 자에 대한 사후 포상에 대한 건의는 수백 건에 이른다. 또 각급 관리가 전공이 없어도 황제의 나라 일을 수행하다 죽거나 직무 때문에 병으로 죽어도 그의 자식 중 한 명을 관리로 임명한다. 이것을 '난음難蔭'이라고 한다. 한대부터 명대까지 그 조정에서 충의를 다하다 죽은 신하를 이처럼 후하게 보살펴주었는가? 이것이 어진 정치의 열다섯 번째, '충성의 권장'이다.

여기에는 가장 큰 것들만 열거했다. 이외에 훌륭한 법률이나 선한 정사는 이루 다 써서 보여줄 수 없다. 역대의 성왕들이 대대로 계승했고 가법家法과 심법心法은 250여 년간 변함없이 이어졌다. 나라 안의 신민들이 매일같이 높은 하늘과 두터운 땅에서 노닐며 길러지고 은택을 받아 오늘이 있게 되었다. 중국의 지난 2000년 역사와 서양의 50년 이전의 역사를 되돌아보면 나라의 정사가 이처럼 너그럽고 어질며 충실하고 온후했는가? 중국은 부강하지는 않지만 나라 사람들이 빈부귀천을 막론하도 모두 다 생활에 여유를 가지고 생을 즐겁게 보냈다. 서양 각국의 세력은 강하지만 서민들의 근심과 원한이 답답하게 풀리지 않다가 때가 되자 폭발해서 군주를 살해하고 재상을 죽이는 일이 일어나지 않는 해가 없었다. 그 정사가 우리 중국보다 좋지 않았음을 알 수 있다.

이렇게 어려운 시대에 직면해서 무릇 우리나라의 예에 보답하는 사대부, 덕을 받은 백성이라면 모두 충성과 애국을 할 것이고 사람들은 모두 국가와 하나가 될 것이다. 일체의 나쁜 생각과 폭력은 윗사람을 해치고 반란을 향해 점점 다가서는 것이다. 이것들은 거부하고 듣지 않고 더러운 곳처럼 피해야 하고 매가 참새를 쫓는 것처럼 배척할 것들이다. 도리를 잘 지키는 곳은 하늘이 꼭 돕는다. 이 세상에 어찌 시경의 「소아小雅」에서 나무란 것과 같은 선량하지 못한 백성들이 있겠는가?

3장

삼강을 밝힘
明綱

"임금은 신하의 벼리이고, 아버지는 아들의 벼리이며, 남편은 아내의 벼리이다"(君爲臣綱, 父爲子綱, 夫爲婦綱)라는 말은 『예위禮緯』에 나오는 말로 『백호통의白虎通義』에서 이를 인용했다. 동중서의 "도의 최고의 근원은 하늘에서 나온다. 하늘은 변치 않으며 도도 변치 않는다."라는 언급의 의미도 여기에서 연원한다. 『논어』의 "은나라는 하나라의 예를 이어받았고 주나라는 은나라의 예를 이어받았다."의 주석 "이어받은 대상을 삼강오상三綱五常이라 한다."는 『집해集解』에 있는 마융馬融의 의견이고 주희는 『집주集注』에서 그것을 인용했다. 『예기』 「대전大傳」 편에는 "가까운 핏줄, 지위가 높은 사람, 나이가 더 많은 사람에게 그에 합당한 대우를 해준다. 남성과 여성은 다르고 이것은 백성과 더불어 바꿀 수 없는 것이다."라고 했다. 오륜의 요지는 오는 행동의 근원으로서 수천 년 동안 전해져 내려왔고 거기에는 다른 뜻이 없다. 성인이 성인인 이유, 중국이 중국인 이유가 여기에 있다. 따라서 임금과 신하 사이의 도리를 안다면 민권론은 잘못된 것이다. 아버지와 아들 사이의 도리를 안다면 아버지와 아들이 함께 죄를 지으면 초상과 제사를 폐기한다는 말은 잘못된 것이다. 부부간의 도리를 안다면 남녀평등설은 잘못된 것이다.

서양 국가들의 제도를 살펴보면 상원과 하원은 각각 의사결정권이 있지만 국가의 군주나 대통령 등 최고 권력자에게도 의회 해산권이 있다. 국가의 최고권력자가 의회가 잘못 나가고 있다고 생각하면 이를 해산하고 의원들을 모조리 교체하고 다시 운영한다. 입헌군주국도 거의 비슷하다. 서양 국가에서는 군주와 신하의 거리가 가깝고 행동 규칙이 간소하며 임금과 신하가 거주하는 곳의 거리가 멀지 않고 좋아하고 싫어하는 정서를 쉽게 보인다. 서양 국가에서 군주의 존엄은 중국에 뒤처지나 친밀과 애정도는 중국보다 우월하다. 만리 밖에서 위신을 세우라고 명하면 이를 어기거나 속이지 않는다. 중국에 오는 서양인들을 보면 그들은 자기 나라의 좋고 나쁜 일을 자기 일인 것처럼 축하하고 애도하며 걱정하고 기뻐한다. 이것이 서양 국가 고유의 군신 간의 윤리이다. 모세의 십계에서는 하늘을 공경하는 것 이외에 부모에 대한 효도를 우선 순위에 넣었다. 서양 사람들도 부모가 죽으면 입는 옷이 있는데 그들은 검정색 옷으로 그것을 표현한다. 사당과 위패는 없지만 집안에 상을 놓고 그 위에 조부모, 부모, 형제의 초상을 모셔놓는다. 묘 제사는 없지만 묘에 인사드리러 가서 헌화함으로써 경의를 표한다. 이것이 서양 국가 고유의 가족 윤리이다. (집안이 부유하면 아들이 자라면 분가하는 것이 진秦나라의 법이다. 서양 사람은 그 아들은 반드시 하나의 기술을 가르친다. 세월이 흘러 기술가 숙련되면 스스로 생계를 꾸리도록 하고 따로 거주하며 경제적으로 분리한다. 죽을 때가 되면 재산을 계산해서 아들과 딸이 모두 동일하게 나누며 친한 친구에게까지 주고 그 자식에게는 나누지 않는다.) 음란에 대한 경계는 십계 중 하나이다. 서양 풍속에서 남녀의 교제는 제한이 중국보다 엄하지 않지만 음란한 사람은 나라 사람들이 천시한다. 결혼에도 일정한 제한이 있어 부계와 모계의 친족 7등等(7등이란 부, 조부, 증조부, 고조부 위로 올라가면서 7대라고 하고 모계도 마찬가지다. 따라서 고모, 외삼촌, 이모의 자녀 등 친척과도 혼인할 수 없다.) 이내에서는 혼인이 불가능하다. 남자의 의상은 전포氈布이고 여자의 의상은 면사이다. 손님을 초청한 연회에서 여성도 주인이 된다. 이는 중국과 크게 다르지 않다. (『예기禮記』「방기坊記」: 궁중의 잔치에서는 지아비의 예를 폐기한다[大饗廢夫人之禮]. 『춘추좌씨전』「소공27년」: "공이 제나라로 갔다. 제나라 후작이 잔치를 베풀려 했다. 자중子仲의 자식 중重이, 제나라 임금의 부인이 되었는데 소공에게 인사를 드리라고 했다." 따라서 지아비와 연향의 예가 공존할 때는 유폐가 있기 때문에 폐기했다.) 여자가 배우자를 스스로 선택하고 남자는 첩을 들이지 않는 것은 중국과 크게 다르다. 그러나 남녀가 다르지 않다고 말하는 것은 거짓말이다. 그리고 서양인은 아내를 사랑하고 공경한다. 비록 지나치기도 하지만 국가의 정치, 의회, 군대, 회사, 공장 등에서는 아직 여자가 참가하지는 않는다. 이것이 서양 고유의 부부간의 윤리이다.

성인은 인류의 최고 수준을 유지하기 위해 정情에 따라 예법을 제정했고 등급과 경계를 명확히 했다. 서양 사람들의 예법제도는 그보다 간소하지만 그 의미는 퇴색하지 않았다. 자연의 질서와 백성의 본질적 속성에 충실함은 중국과 외국이 대체로 같다. 임금이 이것을 어기면 나라를 다스릴 수 없고 스승이 이것을 어기면 교육을 할 수 없다. 따라서 서양만을 귀하게 생각하고 중국을 천시하는 무리들은 서양의 정치, 학술, 풍속의 장점을 제대로 알지 못하고 안다고 해도 배우지 않는다. 오로지 옳지 않은 정치와 풍속만을 받아들여 중국의 교리와 정치를 버리고 서양을 따르려고만 해서 먹는 것, 입는 것, 주거하는 등의 풍습에서 서양인을 따라하지 않은 것이 없다. 서양인들은 이것을 비웃는다. 중사中士의 문학文學 모임에서도 7일 예배 주기를 화제로 삼는다.(예배禮拜는 성기星期라고도 한다. 기기국機器局이 일요일에 쉬는 이유는 기기국에서 일하는 서양인 직원들이 그날에 반드시 쉬지 않으면 안 되기 때문이다.) 최근 희미하게 들려오는 소식에 서양과 접촉이 있는 해양에서 삼강의 폐기를 공공연히 내세우는 의견들이 있다고 한다. 그런 주장을 하는 이들은 제멋대로 온 세상을 휘저으며 기뻐하니 세상에 그보다 더 무서운 일이 없다. 중국에는 이러한 정치가 없다. 서양에도 이러한 교리가 없다. 나귀도 아니고 말도 아니다. 나는 지구상의 모든 나라에서 모두가 그것을 싫어하고 버릴까 두렵다.

4장

정체성 알기
知類

지류知類라는 말의 기원은 아주 멀리에서 찾을 수 있다. 『역경易經』「동인同人」의 상象에는 "군자는 족을 분류하고 사물을 분별한다."라 했고 『춘추좌씨전』에서는 "우리와 같은 무리가 아니면 그 마음은 분명히 다를 것이고, 신령은 다른 종족에게서는 제사를 받아들이지 않고 백성은 다른 종족의 선조에게 제사 지내지 않는다."고 했으며 『예기』「삼년문」에는 "지각이 있는 이들에는 그 속한 부류를 사랑하지 않은 경우가 없다."고 말했다. 여기서 지식에는 가르침의 내용만 있지 종족의 구분 없기란 우리 성인이 귀신처럼 변하고 우리 중화의 제왕이 예외 없는 통치를 할 때에만 가능한 일이고 그 외의 사람들은 그럴 수 없다.

서양 사람들은 다섯 대륙의 민족을 다섯 종으로 분류해서 유럽인을 백인종, 아시아인을 황인종, 서남양인도인을 종색棕色인종, 아프리카인을 흑인종, 아메리카 토착민을 홍인종이라고 불렀다.(유럽종족도 다시 몇 개로 나눈다. 러시아 사람들은 슬라브족, 영국, 독일, 오스트리아, 네덜란드 사람들을 게르만족, 프랑스, 이탈리아, 에스파냐 사람들을 로마족, 아메리카에 거주하는 문명인들은 영국에서 이주했으므로 이들도 영국인과 마찬가지로 백인종이라 한다. 동일 인종 사람들은 성격이나 정서가 유사하고 서로 친근감도 가지고 있다.)

서쪽의 곤륜산맥부터 동쪽으로 바다까지, 남쪽의 남해 북쪽으로 봉천, 길림, 흑룡강, 내외몽골, 남쪽 연해지방의 월남, 샴, 미얀마, 동인도, 중인도 북인도, 동쪽 해역의 조선, 바다 가운데의 일본(일본의 지맥은 조선과 연결되어 있어 해협 하나를 사이에 두고 떨어져 있을 뿐이다.) 이들은 모두 아시아이고 사람들은 모두 황인종으로 삼황오제 성인의 가르침이 미치는 곳이고 신명의 후예 종족이 나누어진 것이다. 수나라 이전의 불교서에서는 그것을 "진단震旦"이라고 하였다. 오늘날 서양인의 책과 문자에서는 중국인을 "몽고"라고 통칭한다.(유럽과 중국의 교류는 원나라 태조 때부터 시작했기 때문이다.) 러시아의 언어에서는 중국인을 "계단契丹"이라고 부른다. 이들은 아시아가 동족임을 보이는 증거이다. 그 땅은 세상의 중화中和의 기운을 얻어서 낮과 밤이 적절히 나뉘어 있고 춥고 더움이 적당하다. 사람들은 품성이 영리하고 선량하며 풍속은 조화롭고 두텁다. 아주 먼 옛날부터 가장 존엄하고 가장 잘 다스려진 나라로 불렸다. 문명은 주나라에서 가장 번성했다. 겉모습만 좋아지는 폐단이 발생함을 공자는 걱정했다. 역대 왕조들은 천하를 평정하고 밖으로는 강력한 인접국이 없어서 겉모습만 쌓여서 공허해지고 공허함이 쌓여서 결국 약해졌다. 유럽의 여러 나라들은 건국은 늦었지만 활기가 축적되어 군사력이 강하고 정교했으며 각각 전쟁에 대한 대비를 튼튼히 해서 멸망을 피하고자 했다. 이들은 두려움을 분발로 승화시키고 분발이 축적되어 강한 힘으로 승화했다. 우리 중국의 사대부와 백성들만 어리석어 깨닫지 못하고 지난 50년을 살펴보니 정신을 차리지 않고 오만과 나태에 빠져 구차한 연명에 안주하며 약한 모습을 보이면서 외부로부터의 굴욕을 여러 번 겪었다.

지금 나라 안의 사대부들은 상황을 가슴속 깊이 느끼고 분발하여 성의를 다해 지혜를 모아 나라를 어려움에서 구해내고자 하니 결코 쓸모없는 사람들이 아니다. 그런데 위선적이거나 탐욕스러운 사람들은 나라의 좋은 일이나 나쁜 일을 보고도 무관심해서 마음으로 거의 느끼지 않는다. 이것은 태평천국과 염군의 반란을 빗댄 것은 아니다. 중화가 몰락하고 있어도 돈 많은 자들은 별로 거리낌이 없다. 게다가 위기를 틈타 그들이 하는 모습이란 잇속을 차려 서양의 무리들과 합세하여 서양 장사꾼이 되고 서양으로 가고 서양인으로 편입되기를 바라고 있다. 또한 질 나쁜 사람들은 중국이 힘이 한참 모자라다고 헐뜯고 성현의 가르침을 쓸모없다고 조소하면서 같은 집에서 경계를 나누고 그들 나라의 법을 가져와 동조할 것이다. 그리고 밤낮으로 나라에 이변이 생기기를 기다렸다가 다른 나라에 도움을 청할 것이다. 상황이 이렇게 된다면 인仁은 혼란을 일으킴을 뜻하고 지智는 커다란 어리석음大愚을 가리킬 것이다. 인도가 영국에 복속되자 인도의 원주민들은 병사와 하급군인이 되었다. 군대에서는 지위가 올라가지 않았고 학교에도 갈 수 없었다. 베트남이 프랑스에 복속되자 중국인 개인에게 매겨지는 세금이 추가되었고 서양 사람은 그렇지 않았다. 중국인은 표 없이 돌아다니는 것이 금지되었는데 서양인은 그렇지 않았다. 쿠바가 스페인에 복속되었을 때 원주민들은 의원에 들어갈 수 없었다. 미국은 건국 초기에는 중국 일꾼[華工]이 많은 기여를 했다. 지금 부를 융성하게 이룩하게 되니 중국인 일꾼을 받아들이지 않았지만 서양 일꾼은 막지 않았다. 최근 한 성의 일부를 관장하는 도원道員 자리에 있는 아무개가 공금 수만금을 횡령해서 독일 은행에 넣어두었다. 그 사람 사후에 은행은 통장계좌를 해지하고 아주 적은 이자를 주는 것으로 끝냈다. 군자는 자기가 싫다고 고향을 없애버리는 사람이 아니다. 그렇기에 왕맹王孟은 죽으면서까지 진晉나라를 정벌하지 않았고 종의鐘儀는 옥에 갇혀서도 초나라를 잊지 않았다. 요즘 어질지 않고 지혜롭지 않고 파렴치하게 남 좋은 일 하는 사람들의 경우처럼 군자는 악대심樂大心이 송나라를 깔보자 그 집안이 망했고, 한비가 한나라를 망하게 하자 목숨을 잃게 되었음을 안다.

『좌전』「소공 25년」 편에는 이렇게 적혀 있다. "봄에 숙손야叔孫婼가 송나라에 벼슬자리를 얻었다. 동문우사(우사는 악대심이다. 동문에 거주했다)가 그것을 보고 천한 송나라 대부라 불렀고 사성씨司城氏를 업신여겼다. 소자가 그에게 '우사 망할 사람! 군자는 그 몸을 소중히 여겨야 남에게 영향을 미칠 수 있는데 이것으로 예가 생긴다. 오늘 당신은 대부를 깔보고 그 가문을 천시했다. 이것은 그 몸을

업신여긴 것이니 예가 있을 수 있나? 예가 없으면 꼭 망한다."라고
말했다. 그리고 「정공 9년」 편에는 "동문우사를 내쫓았다."라고 쓰
여 있다.

『좌전』 「애공 8년」 편에는 이렇게 적혀 있다. "오나라가 주邾나라
때문에 노나라를 공격하려 하면서 숙손첩叔孫輒에게 물었다. 숙손
첩은 이렇게 대답했다. '노나라는 이름뿐이며 실력이 없으니 노나
라를 치면 뜻대로 될 것입니다.' 그리고 공산불유公山不狃에게 알렸
다. 공산불유는 '예가 아니다. 군자는 본국을 떠날 때도 원수의 나
라에는 가지 않고 벼슬에 오르지 않았어도 침략을 당하면 본국으
로 달려가서 목숨을 바쳐야 한다. 그리고 의탁했으면 본국의 악을
숨겨야 한다. 또 사람이 도망쳐 나와서 사사로운 원망과 증오 때문
에 고향의 좋은 점을 버려서는 안 된다. 오늘 당신은 작은 감정 때
문에 종주국을 멸망케 하려 했으니 어렵지 않은가?"

『통감』 6권에는 이렇게 적혀 있다. "진왕의 아랫사람이 한비를
죽였다. 스스로 목숨을 끊은 것은 아니다. 신광이 말했다. '신은 군
자는 친족을 소중히 하여 그것이 남에게까지 확대되고 그 나라를
사랑하여 다른 나라까지 확대되어 이것으로 큰 이름으로 공을
세워 백세의 복을 누린다고 들었습니다. 오늘 진나라를 위해 일하
지 않았으나 처음에는 종국宗國을 망하게 하고 싶어서 그 말을 내
뱉었습니다. 죄는 죽어도 마땅합니다.' 아! 참으로 가엾다!"

5장

정통
宗經

주나라의 쇠퇴기에 도에 관한 견해가 여러 갈래로 나뉘어 학파들이 여기저기 생겨났다. 이들은 9류 10가九流十家로 나뉘었다. 그들은 한 분야에 중점을 두고 그 논리를 아주 정교하게 만들어 견해를 아주 분명하게 나타냈다. 그중 이치에 관한 언급은 경전의 의미를 보충하기에 충분하고[乾嘉诸儒以诸子证经文音训之异同, 尚未尽诸子之用] 세상의 변화에도 조응한다. 그러나 이들 모두가 이름을 얻어서 이득을 얻으려는 마음이 있어 억지스럽고 좋지 않은 모양새를 보여서 큰 도에는 어울리지 않는 요소가 많다. 예를 들자면 황자皇子는 인물의 심리 분석을 중시했고 전자田子는 재물의 균등한 분배를 중시했고 묵자墨子는 겸애를 중시했고 요자料子는 구별을 중시했고 왕료王廖는 먼저 하는 것을 중시했고 아량兒良은 뒤에서 군사를 치는 것을 중시한 경우 등이다. 편작이 주나라에 가서는 노인을 위한 의술을 행했고 진나라에 가서는 어린아이를 위한 의술을 행하는 것처럼 잠시 동안 때에 맞추어 행동을 하는 경향이다. 어찌 그러한 견해가 옳겠는가!

한무제 때부터 백가를 모두 배척했고 육례의 내용만을 판단기준으로 삼았다. 오늘날에는 각 학파를 두루 이해하고, 능력을 기르고 더욱 지혜로워지며, 듣지도 말하지도 못하고 잘 걷지도 못하는 못난 유학자들을 깨우치려면 제자를 함께 읽지 않으면 안 된다. 이때는 당연히 경서의 뜻을 잣대로 삼아 그것들을 필요에 따라 취사선택해야 한다. 유향은 안자춘추에 대해서 "문장이 볼 만하고 의리義理가 따를 만하니 육경의 취지에 부합한다."라고 말했으니 이는 제자를 읽는 기준이 될 수 있다.(『한서·예문지』의 "육예六藝의 방법을 익히고 아홉 학파의 이론을 보고 장단점을 취사선택할 수 있다면 모든 분야의 핵심을 통달할 수 있을 것이다"라는 구절도 이러한 뜻을 담고 있다.) 일반적으로 성인의 도는 크고 넓다. 상황과 시기에 따라서 다채롭게 이야기하면서도 결국엔 중심으로 귀결된다. 따라서 9류의 정수는 모두 성인의 학문에도 담겨 있고 9류의 병폐는 모두 성인의 학문에서 배척한다.

제자가 난잡하다는 것은 말할 필요도 없다. 여기서는 그중 가장 정사에 해를 끼치고, 오늘날 현실에 적용된다면 반드시 적지 않은 화를 불러일으킬 수 있는 것들을 거론한다. 대표적으로 노자는 무사無事를 숭상해서 예禮를 난적의 괴수로 보고 여성성을 우선시해서 강함은 사도死徒로 본다. 되는 대로(자연) 놓아두어야 하며 충신이 있어서 나라가 어지럽혀진다고 보았다. 장자는 요순堯舜 둘 다 똑똑한 자를 없앴다 하고 범凡나라의 멸망은 멸망으로만 볼 수 없고 초나라의 생존은 생존으로만 볼 수 없다고 말한다.(이는 우언으로만 이해할 수 없다.)『열자』「양주」편에서는 제멋대로 하고 싶은 대로만 해서 명예의 훼손에는 신경을 쓰지 않는다.『관자』는 지혜란 백성의 원수이고 법이란 백성의 부모라고 했는데 그 책은 여러 내용을 혼합하고 남의 이름을 빌린 정도가 아주 심해서 도가, 법가, 명가, 농가, 음양가, 종횡가의 이론이 모두 담겨 있다.『묵자』는 겸애설로 맹자를 비판한 데 그치지 않고 「비유非儒」와 「공맹孔孟」 두 편에서 아주 격렬하다. 경經 상하편과 경설經說 상하 4편은 명가의 이론이다. 산학算學, 중학重學, 광학光學 이론을 간략하게 담고 있지만 엉망이어서 읽을 만하지 않고 써먹을 것이 못 된다.『순자』는 유가라고는 하지만 12자에 들지 못하고 성악설을 내세우고 법이 왕에 우선시 한다고 했으며 시와 서를 폄하했다. 주장들이 후대에 전해진 후 세상의 도와 경전에 해가 되었다. 신불해는 술術만 주로 써서 논리가 허술하고 실천은 빈약했으며 남들을 성실히 가르치지 않으려고만 했다. 한비는 신불해의 술을 차용하면서 상앙의 법을 결합시켰는데 잔인하고 무도했으며 사람을 고려하지 않고 자기 맘대로만 가르쳤고 덕도 외면했다. 상앙은 폭력적이었고 효제인의를 버렸으니 논하지 않겠다. 그 밖에『여람(여씨춘추)』에 많은 지난 이야기들이 있는데 대부분이 유가에 가까운 것들이다.『안자』는 유가와 묵가의 내용을 모두 담고 있는데 장단점을 모두 가지고 있다.『전국책』에서는 세상의 변화를 고찰했는데 세勢는 버릴 수 없다. 손자, 오자, 위료尉繚는 군사적 내용만을 다루어서 도를 헤치지는 않았다. 윤문, 신도, 갈관鶡冠, 시교尸佼는 언급할 만한 것이 많지 않다. 공손룡은 말만 그럴듯하고 실속은 없으며 볼 가치가 별로 없다. 귀곡鬼谷은 음험하고 잔인하고 이들은 모두 수준 이하다. 또 『관윤자』는 불교에서 많은 내용을 베꼈으며 문자는 내용 전부가 회남자를 답습했으니 이 둘은 창작품이라 볼 수 없다. 서한시대의 유가학자인 가장사賈長沙(가의賈誼), 동강도董江都(동중서董仲舒), 유자정劉子政(유향劉向)은 모두 유가의 거물이다. 『설원說苑』과 『신서新序』 가장 순정하다. 『신서』는 없어진 부분이 많고 『춘추번로春秋繁露』에는 핵심적 의미가 아주 많다. 동중서가 공부한 『공양춘추』은 후대 학자의 주장을 많이 묵수하므로 큰 어리석음에 빠질 우려가 있어서 분별해서 보아야 한다. 『법언法言』은 글재주일 뿐이다. 『공총자孔叢子』, 『공자가어孔子家語』에는 주옥같은 말들이 많고 공자학파의 자취도 기록되어 있다. 그 외에도 더 있지만 모두 근본만 가지면 된다. 근래에는 왕숙王肅 등의 위작이라고 공격하지만 너무 가혹하다. 도가에서 『회남자淮南子』는 고고학적 부분에서는 참고할 만하지만 중요한 이치는 드물다. 대체로 제자서에서는 오류가 쉽게 발견된다. 배우는 사람들이 그 화려한 문장을 좋아하거나 일부의 의미를 차용할 수도 있겠지만 천성적으로는 나쁘지 않다고 하더라도 어떤 일에서 실효성을 보인 경우가 드문 것은 그것을 따른 사람들에게서 발견된다. 유일하게 노자에서만 도에 깊이가 있고 쓸모가 제법 있다. 그러나 후세의 군주와 신하들이 일시적인 안일을 추구하고 나라를 그르치는 풍조, 수준 낮은 유학자들이 함량 미달로 학문을 중도 포기하는 폐단, 교활한 관리나 선비들이 아무런 양심의 가책도 없이 사리사욕만 채우는 습성 등이 나타나는 데 기여해서 그 폐해도 가장 크다. 서한시대 초기에 공헌했지만 병폐는 2000년 후에 나타났다. 둔하고 약해서 자기진작을 할 수 없는 중화인을 만들어낸 것은 노씨의 이론인 것이다. '훌륭한 기교는 졸렬해 보인다[大巧若拙]'는 말이 가장 해롭다. 이 말은 세속을 초월하는 권모술수에나 해당하는 말이다. 하늘과 땅을 헤아리고, 무기를 만드는 일 따위는 우수한 것은 그 자체로 우수하고 졸렬한 것은 그 자체로 졸렬하다. 우수함과 졸렬함이 어울리는 일이 있을 수 있는가? 최근 수십 년 동안 중국인이 지혜를 확충하지 못한 것은 모두 이런 말들이 오도했기 때문이다. 그래서 노씨를 공부하면 마비되는 병에 걸리고 다른 제자의 이론을 공부하면 미치는 병에 걸린다. 동중서는 "조석朝夕을 바로하려면 북극성을 보고 혐의를 바로잡으려면 성인을 본다."라고 말했다. 성현의 경서를 충실히 익히지 않는다면 조석을 분명이 가려지지 않아 어둠속을 걸어도 쉬지 않고 진흙탕에 빠져서 죽을 수밖에 없다.

제자만 그런 것이 아니다. 여러 경서들은 내용이 간단하고 심오한데 거기에는 뜻이 깊어 설이 분분한 것이 많다. 또한 내용이 없어지거나 나중에 공부하는 과정에서 잘못 가르쳐진 것도 있다. 한나라 건국 초기에는 곡학아세를 해서 학문적 업적을 이루려 했다. 애哀, 평平의 시절에는 참위설을 짓고 퍼뜨려서 악한[匡奸]에 아첨했다. 이에 따라 아주 이상한 말들이 더 많아졌다. 문왕이 명을 받았고 공자가 왕으로 불렸다는 류가 그런 것이다. 이는 70자의 설이 아니며 진한시대 경생經生의 설이다. 그리고 공양춘추를 말하는 것이 가장 그 정도가 심하다[新周, 王魯, 以《春秋》当新王]. 건륭 가경시대의 유학자들은 옛것을 즐기고 난해한 것을 좋아하고 그것들을 펼쳐 드러내는 데 힘썼는데 그 분위기가 날이 갈수록 제멋대로가 되었고 그 여파는 지속되어 실질적으로 오늘날 세상의 이치에 맞지 않는다. 비방과 기이한 약[禁方奇藥]은 종종 독성이 강해서 사람을 죽일 수도 있다. 최근 유학자들의 공양이론에서는 공자가 춘추를 지어서 난신적자가 기뻐했다고 한다.

내가 보기에 여러 경서의 의미는 복잡하여 제대로 이해하기가 어렵고 여럿으로 갈라져 하나로 정하기가 어렵기 때문에 논어와 맹자에 의거해서 이들을 정리해야 한다. 논어와 맹자는 문장이 간결하고 의미가 명확하며 모든 경서들의 기준이다. 도광시대 이후 학자들은 위서와 불교서로 경학을 논하는 것을 선호했다. 광서제 시기부터 학자들은 주와 진의 제자들을 연구하는 것을 좋아했다. 그 폐해는 공부를 좋아하지 않는 여러 군자들도 예상할 수 있는 것이다. 그렇기 때문에 여기서 말로 충고하는 것이다.

6장

민권설 반박
正權

    오늘날 세상에 울분을 토하며 비판을 가하는 논자는 이렇게 현실을 비판한다. "외국인이 횡포를 부린다, 군대는 제대로 싸우지 못한다, 고위 관료들은 제도개혁을 하지 않는다, 관의 학자들은 학문을 진흥시키지 않는다, 정부기관은 상공업 진흥을 도모하지 않는다." 그러므로 민권설을 내세워서 모두 힘을 합쳐서 스스로 일어서자고 말한다.

    아! 어찌 이렇게 함부로들 말을 하는가? 민권설은 백해무익하다.

    의원을 만들겠다고? 중국인들은 오늘날까지 고루함에 빠져 있는 사람들이 아직 많아서 세계적 대세를 모르고 나라의 제도운영에 밝지 못하다. 외국에서 학문을 진흥시키고 정치제도를 만들고 국사를 훈련시키고 병기를 제어하는 핵심을 모른다. 따라서 앞뒤가 꽉 막히고 고집스런 사람이 방 한 칸에 있고 거기에 깨인 사람이 하나이고 몽매한 사람이 백인데 뜬금없고 허튼소리[游談]를 하는 것이 쓸모가 있겠는가? 그리고 외국에서는 예산 등의 업무는 하원에서 처리하고 입법 등은 상원에서 처리하기 때문에 집에 중간 정도의 재산이 있는 사람이어야 의원을 선출할 수 있다. 오늘날 중국 상인[華商] 중에는 큰 자산을 가진 이가 없고 중국인도 원대한 뜻을 가지고 있지 않다. 의회에는 막대한 보수를 지급해야 하지만 모두가 책임을 전가하고 묵묵부답일 것이 뻔하니 의회를 여나 마나 마찬가지다. 이것이 첫 번째 무익함이다.

회사를 설립하고 공장을 여는 것은 어떤가? 자본이 있는 사람이 나서서 투자금을 모아서 운영할 수 있고 기술이 있는 자는 동업자를 모아서 기계를 만들 수 있다. 이런 일들은 원래 법으로 금지하지 않는 것인데 꼭 권리가 있을 필요가 있을까? 그리고 중국 상인의 나쁜 습성은 걸핏하면 투자자를 모은다는 핑계로 사기를 치는 것이다. 만약 관에서 징벌을 하지 않으면 회사는 하나도 존재하지 않을 것이다. 물품을 만드는 공장을 관에서 규제하지 않으면 한 공장의 영리행위를 여러 사람이 모방해서 가짜 상품을 만들고 기술자들은 떠들썩하게 싸울 텐데 그것은 누가 막는가? 이것이 두 번째 무익함이다.

학당을 만드는 문제는? 지금까지는 부유한 신사가 내놓은 자금으로 서원을 만들고 의학義學을 세우고 선당善堂을 설립했고 그들에게는 표창장이 수여되었다. 어떻게 학당개설을 금지하는 의견으로 돌아서겠는가? 권리가 꼭 있을 필요가 있는가? 관리가 되는 자격을 폐기하면 공부를 한 사람들이 진출할 곳도 없고 매달 생활비 보조(희름餼稟)를 받을 희망도 없는데 그 누가 공부를 하려고 할까?

이것이 세 번째 무익함이다.

군대를 양성해서 외국의 침략을 방어하는 것은 어떤가? 우수한 무기를 만들 공장도 없고 군함을 만들 장소도 없어서 외국의 것을 구입해 오려고 하는데 관청의 물품이 아니면 수입할 수가 없다. 변변한 무기도 없는 오합지졸들이 싸울 수나 있겠는가? 군인들에게는 월급을 주어야 하는데 국법이 없으니 어떻게 세금을 거둘 수 있는가? 국가가 책임지지 않으면 서양의 돈을 빌려 올 수가 있는가? 이것인 네 번째 무익함이다.

현재 중국은 힘 있는 나라가 아니다. 하지만 백성들은 여전히 자기의 상황에 안주할 수 있다. 조정의 법이 그것을 유지하고 있다. 민권론이 번성하도록 놓아두면 어리석은 백성들은 기뻐할 것이고 불순한 무리들은 활개를 칠 것이며 기강은 바로 서지 않고 큰 혼란이 여기저기서 일어날 것이다. 이러한 주장을 하는 사람이 혼자만 편하게 살 수 있을까? 또한 시장에서 약탈행위를 할 것임이 뻔하고 서당을 태워버릴 것이다. 외국 각국에서 보호라는 명목으로 함선, 군대를 앞세워 점령하고 여기저기서 머리를 조아리고 그들 밑으로 들어갈까 나는 두렵다. 민권설은 적들이 듣고 싶어 하는 사조인 것이다.(혹자는 조정이 그 핑계로 민권을 바라지 않을 것이라고 말한다. 이것은 커다란 오해이다. 만약 내가 국법으로 이를 제압할 수 없다면 군사력으로 막을 것이다.)

예전에 프랑스가 폭군의 학정에 처한 후에 온 나라에서 분노해서 위아래 계층이 서로 공격하고 결국 백성이 주인인 나라로 바꿔었다. 우리나라는 온정이 풍부해서 가정苛政이 없는데 왜 이렇게 질서를 혼란시켜서 스스로 해를 입고 동시에 세상에도 해를 끼치는가! 이것을 백해라고 하는 것이다.

외국 민권설의 유래를 살펴보면 그 뜻은 나라에 의회가 있어서 민간에서 공론을 발의할 수 있고 공통된 여론을 형성하는 것에 불과하다. 그러나 백성들이 그들의 생각을 말하도록 하려는 것이지 백성들이 권력을 장악하도록 하려는 것이 아니다. 그 말을 중국말로 옮기면서 그것을 "민권"이라고 했으니 오류이다.(중국에 온 미국인은 자국 의회의 공거公擧가 가진 폐단에 대해서 아래에서는 사적인 이해에 매몰되고 위에서는 편향된 주장을 해서 매우 걱정된다고 말했다. 중국인이 그것을 흠모하는 것은 모두 깊이 생각하지 않기 때문에 그렇게 말하는 것이다.) 최근 서양의 설들을 주워들은 사람들 모두 자주自主의 권리를 갖는다고까지 말하는데 이것은 더욱 기괴하고 허황될 따름이다. 이 말은 저 사람들의 교리를 담은 책에서 나온 것이다. 그 뜻은 상제가 사람들에게 성령을 주었고 사람들은 각자 우수한 지력을 갖추고 있으며 모두 무언가를 할 수 있다는 것이다. 번역한 사람이 그것을 사람들마다 자주의 권리가 있다고 해석했으니 크나큰 오류이다. 서양의 여러 나라에는 군주국가든, 민주주의국가든, 입헌국가든 나라에 모두 반드시 정부가 있고 정부에는 반드시 법이 있다. 관청에는 관청의 규정이 있고 군대에는 군대의 규정이 있으며 공업계에는 공업계의 규율이 있고 상업계에는 상업계의 규율이 있어서 법률을 다루는 사람이 그것을 숙지하고 있으며 법관들이 그것을 관장한다. 군주와 백성들 누구도 그 법을 어길 수는 없다. 정부에서 명령한 것은 의원들이 반박할 수 있고 의회에서 결정한 사항은 조정에서 무효화시킬 수 있다. 사람들에게 자주의 권리가 없다고 하는 것이 맞을 것이다. 어찌 사람들마다 자주적이라고 할 수 있을까! 떠들썩한 시장은 반드시 평온해지며 무리가 많아지면 이끄는 사람이 있게 마련이다. 만약 사람들이 모두 자주적이라면 가족은 그 가족으로서만 존재하며 한 마을은 그 마을로만 존재한다. 선비들은 앉아서 먹기를 원하고 농부들은 세금을 안 내고 싶어 하고 상인들은 이익을 독점하고 싶어 하며 기술자는 가격을 올리고 싶어 한다. 실업자와 빈자는 무언가를 빼앗아 오기를 원하며 자식은 아버지를 따르지 않고 학생은 스승을 받들지 않고 아내는 지아비를 따르지 않고 천민은 귀족에 복종하지 않아 약육강식의 상황이 벌어질 것이다. 그리하여 인류는 오래지 않아 멸망할 것이다. 지구상의 많은 나라들에 이 정부가 없고 생번生蕃, 만료蠻獠들도 이 풍속이 없을 것이다. 외국에 오늘날 자유당이 있는데 서양어로는 "리버티Liberty"라고 부른다. 모든 일이 공도公道가 있어서 무리에 이익이 됨을 말한 것으로 "공론당"이라고 번역할 수는 있어도 "자유"라고 번역하는 것은 잘못되었다.

중국을 강하게 만들어서 외부로부터 지켜내는 정책은 충성된 마음으로 세상 사람들의 마음에 호소하고 조정의 권위[威靈]로 온 나라의 힘을 모아야 한다. 이것이 천지의 대의이고 동서고금에서 변하지 않는 이치이다. 옛날 도척盜跖은 무예가 출중했지만 마을 하나도 점거할 수 없었다. 전주田疇는 덕망이 높아 타인을 감복시켰으나 오환烏桓의 침략을 막아낼 수 없었다. 조적祖逖은 지혜와 용기를 갖추어서 전투능력이 뛰어났으나 중원에서는 자립할 수 없었다. 남쪽에서 진晉나라의 지원을 받아 석륵石勒을 막아낼 수 있었다. 송나라는 수도 변경汴京을 버리고 남하했고 수천 리에 거주하는 중원의 유민들이 스스로 살 수 있었다. 그러나 양하兩河에 울타리를 쳤고 섬주陝州는 성을 쌓아 자체보호를 할 수 없었다. 송나라는 한세충韓世忠, 악비岳飛를 대장으로 내세워서 금나라 군대를 격파하는 위업을 달성했다. 팔자군도 인간 의용군을 크게 일으켜 먼저 잘 싸우지 못하는 척하며 기만술을 펴고 유기劉錡는 그것을 이용해서 금나라 군대를 크게 무찔러 순창順昌 대첩을 거둘 수 있었다. 조종인趙宗印은 관중關中에서 군대를 일으켜서 연전연승했다. 조정의 군대가 부평富平에서 패하자 그 군사들은 뿔뿔이 흩어졌는데 오개吳玠와 오린吳璘이 장수로 임명된 뒤 전촉全蜀을 위험으로부터 보호했다. 국권만 적국을 막을 수 있고 민권은 결코 적국을 막을 수 없다. 세상의 이치는 이런 것이다. 증국번이 집안을 일으키기 위해 단련團練을 운영한 적이 있지만 실제로는 도적들과 교전할 때부터 의용군을 모집하고 선박을 제조했고 나라에서 주는 녹을 제공했고 나라에서 주는 상과 벌로 동기를 부여함으로써 빛나는 충성심과 백절불굴의 기지로 삼군의 사기를 진작하고 나라 안의 사람들을 감동시켜 움직였다. 따라서 반란을 진압하는 공을 세울 수 있었다. 이것이 단련일까? 민권일까?

누군가는 "민권에 폐단이 있지만 의회만 설치할 수는 없는 것인가?"라거나 "민권은 침해할 수 없으며 공론을 형성하지 않을 수 없다."라고 한다. 중대한 정사가 있으면 조정의 신하에 교지를 내려 회의를 열고 지방관리가 신국紳局이 모여서 회의를 하는 것은 중국의 옛 법에 있다. 그리고 자문이 감당할 수 없을 때 어느 성에 큰 일이 있으면 신사紳士와 평민이 공동청원을 원院, 사司, 도道, 부府에 낼 수 있고 연서를 해서 도찰원都察院에까지도 공동청원을 할 수 있다. 나라에 큰 일이 있으면 수도에 거주하는 관원들은 상소를 올릴 수 있고 대리상소를 올릴 수도 있었다. 현재의 조정은 깨끗하고 과연 진심으로 사랑하는 마음과 치안의 대책이 있는데 왜 의견이 위로 전달되지 못할까 봐 걱정하는가? 그 일이 시행될 수 있으면 조정에서는 기꺼이 들을 것이다. 그러나 아래에서 건의하고 위에서 선택할 때에는 대체로 의견이 많으면 이점이 있지 넘쳐난다고 해를 입을 것은 없다. 그런데 꼭 의회라는 이름을 따라할 필요가 있을까? 지금 의회를 개설하고자 하는데 의원이 없으면 어쩔 것인가? 이는 학당이 활발히 운영되고 인재가 점점 풍부해진 다음에나 논할 수 있는 것이다. 지금은 때가 아니다.

7장

배움의 순서
循序

　이 시국에 중국의 강화를 도모하려면 중학을 보존하면서도 서학을 말하지 않을 수 없다. 그러나 중학의 기초를 굳건히 하고 그것을 단서로 상황 판단을 하지 않으면 강한 자는 제멋대로 행동하는 두목이 되고 약한 자는 노예가 되어 그 해로움은 서학을 알지 못하는 경우보다 더 심하다. 최근 영국의 영자신문에서는 중국이 변법자강을 하지 않으려 하고 공교孔敎만을 믿는 것이 폐단이라고 비판했는데 이는 대단한 오류이다. 그들이 번역한 사서오경은 모두 속유와 시골 선생이 해석한 원리이고, 공교가 어떤 것인지는 도무지 모르기 때문에 무책임하게 나온 내뱉은 말들이다. 천박한 견해와 썩어빠진 팔고문, 고요히 사색하는 성리와 잡다한 준거, 뜬구름 잡고 허황된 문장은 공자를 계승한 학문이 아니다. 장부와 문법을 관리가 따르는 것은 한비와 이사의 학문으로서 진나라의 폭정에서 유래한 것이다. 속류적인 관리들이 그것을 받아들여 일을 회피하면서 늙어가고 한가로이 노닐어 백성을 쉬게 하며 폐단을 없애지 않음으로써 원기를 기르는 것은 모두 노씨(노자)의 학문이다. 이는 역대로 정치가 말세에 빠졌을 때 나온 것이다. 간교한 환관들이 이 것을 활용했고 공자 계열의 정사가 아니다. 공자 계열의 학문은 지식을 넓히고 절차를 간소화하며, 옛것을 익혀 새것을 알며, 하늘을 보고 만물을 헤아린다. 공자의 정치는 높은 사람을 우러르고 가족을 소중히 하며, 우선 부유하게 만들고 나중에 교화하며, 문文을 보유하면서 무武를 갖추며, 때에 맞추어서 적절히 제어한다. 공자는 천성千聖을 모아서 백왕을 기다리고 천지를 관찰하여 화육을 찬미했다. 어찌 도척이 조소하고 묵적이 비판했던 비천하고 무용한 늙은 유자일까?

오늘날의 학자는 반드시 경전을 숙지하여 우리 중국의 성현들이 확립해놓은 교리의 핵심을 잘 알고, 역사를 공부해서 역대 중국의 치란과 구주의 풍토를 알고, 자子와 집集을 섭렵해서 우리 중국의 학술적 글들에 통달할 것을 우선의 과제로 삼아야 한다. 그 후에 서학 중에서 우리가 가지고 있지 않은 점을 보충할 수 있는 것을 뽑아서 활용하고 서양의 정사에서 우리의 병폐를 치료할 수 있는 것을 가져와야 한다. 이 과정에는 이점만 있지 해로움은 없다. 양생하는 사람은 곡기를 먼저 섭취하고 기름지고 좋은 음식은 나중에 섭취한다. 병을 치료하는 사람은 먼저 뱃속을 들여다본 후에 약을 쓴다. 중학이 반드시 서학에 앞서야 한다는 이치는 이와 유사한 것이다.(중국문장에 능통하지 않은 사람은 서양의 서적도 번역할 수 없다.)

외국의 각 학당에서는 매일 예수의 경전을 읽도록 해서 종교를 드러내 보인다. 소학당에서는 라틴어를 먼저 배워서 전통의 보존을 보여준다. 먼저 자국의 지도를 익힌 다음에 세계지도를 보아서 그 순서를 보여준다. 학당의 책은 자기 나라의 좋은 군주의 덕정德政을 많이 서술하고 많은 글에서 본국의 강성을 찬양하여 애국을 보여준다. 만약 중국 땅에서 중학에 통달하지 않는다면 이것은 그 성을 모르는 사람, 고삐 없는 기병, 방향키 없는 배와 같다. 그가 서학을 많이 알면 알수록 중국을 더욱 질시하게 된다면 비록 박식하고 다재다능한 사람이라도 나라에서는 그 사람을 어찌 등용할 수 있을까?

8장

정수 지키기
守約

유술이 위태롭다. 가깝게는 일본에게서 그 교훈을 얻지 않을 수 없고 멀게는 전국시대에서 그 교훈을 얻지 않을 수 없다. 그 옛날 전국시대에 유학은 거의 다른 여러 무리들의 배제 대상이었다. 내가 사마담司馬談의 『논육가요지論六家要指』를 읽어보니 그 이유를 알겠다. 그는 "유가의 학파는 외양은 광범위하지만 중요한 것은 적으며 수고는 많지만 성과는 적다."라고 말한다. 왜 중요한 것이 적고 성과도 적은가? 범위만 넓지 정수가 없기 때문이다. 이러한 유가는 여러 학파들 중 일부에 지나지 않는 것이니 어찌 이것이 성인의 학문이 될 수 있으며 현인의 학문이 될 수 있을까? 노자는 유가를 비난하며 "학문을 끊으면 근심은 사라진다."라고 말했다. 또 공자가 12경을 꼽는 것이 매우 번잡하다고 생각했다. 묵자는 유가를 비난하면서 "평생토록 그 학문을 다 마치지 못할 것이다."라고 말했다. 묵자는 또 자기 학파의 문인인 공상과公尙科에게 책을 읽지 말라고 가르쳤다. 법가는 유가를 비난하면서 "책을 모아두고 글쓰기 연습이나 하니 이런 것을 가져다 쓴다면 나라가 어지러워진다."(한비자) 라고 했다. 대개 제자가 채택한 방법은 모두 편리하고 빨랐다. 그리고 제멋대로 세상 사람들이 좋아하는 것을 내보였으며 유가는 번거롭고 어려우며 쓸모도 없다고 비판했다. 따라서 학자들은 이 말들을 듣기를 원하고 제자의 학파를 따랐다.

모름지기 먼저 범위를 넓히고 나중에 핵심을 보는 것이 공맹의 공통된 가르침이다. 그러나 오늘날의 세상변화에서는 맹자가 내세운 정수를 지켜서 넓게 시행한다는 학설이 통한다. 공자의 무리가 말한 광범위함이란 것은 오늘날 말하는 광범위함이 아니다. 공맹의 시대에는 서적이 많지 않았고 한 사람이 그중 한 분야만을 맡아서 해도 일가를 이룰 수 있었고 관리는 한 분야 일만 잘해도 쓸 만했다. 따라서 그때의 광범위함이란 쉽게 말할 수 있는 성질의 것이다. 오늘날 경사자집經史子集은 그 양이 어마어마해서 늙어 죽도록 다 보아도 그 내용을 다 알 수 없다. 경서류만 해도 예전에 쓰던 말이며 그 뜻도 옛것이며 어렴풋해서 이해하기가 참 어렵고 제대로 된 것인지가 확실치 않다. 후대의 수많은 학자들이 해석을 붙인 것은 그 내용이 제각각이다. 대체로 정확하게 해석해놓은 것은 열에 다섯을 넘지 않는다. 나라는 걷잡을 수 없이 불안하고 외국으로부터 받는 모욕은 끝이 없어서 새로운 학문을 하지 않으면 나라의 세력을 강화할 수 없고 구학문을 동시에 한다면 힘이 부족했다. 다시 몇 년을 보내고 어려운 일로 고생을 하면서 그 이득이 되는 바를 알지 못하니 사람들은 유술을 더욱 적대시했다. 성인의 유가서적은 내리막길을 걸으며 점점 소멸해갔다. 진나라에서와 같이 책을 불태우는 재난을 당하지는 않았지만 반드시 양나라의 원제가 겪었던 것처럼 문무의 도가 모두 없어질까 하는 근심이 생길 것이다. 이는 참 걱정스런 일이다. 특히 근심이 되는 것은, 오늘날 아무 생각이 없는 사대부들은 근본적으로 공부를 좋아하지 않고 경서를 멀리하고 도리를 어기는 사람들은 중국의 학문을 좋아하지 않는다. 중국이 번잡하고 쓸모없다는 주장을 내세우고 건전하지 못한 말을 만들어 힘을 더한다. 따라서 편리한 것을 좋아하고 여기에 동조하는 사람들이 점점 많아진다. 아마 중국의 학문을 폐지하고 싶어 할 것이다. 쉽고 간편한 방법을 고안해서 이 상황을 타개한다면 중국의 학문을 욕하는 사람들의 입을 막아 두렵고 어려워서 학문을 하지 못하는 어려움을 해결할 수 있을 것이다.

오늘날 중국의 학문을 보존하려면 꼭 먼저 그 정수 지키기부터 해야 한다. 정수 지키기는 반드시 겉모습을 깨는 것에서 시작해야 한다. 따라서 중국 학문의 각 부분에서 집약할 수 있는 방법을 찾아 뒤에 소개할 것이다. 거르고 또 걸러서 그 의미가 세상을 구제하는 것에 있고, 현실적으로 쓸모 있는 것이 소중하지 견문이 넓다고 현명하지 않다. 15세가 되기 전에는 『효경』과 사서오경의 본문을 읽고 글의 흐름에 따라 뜻을 이해한다. 사략, 천문, 지리, 가괄(歌括=歌訣 기억하기 쉽도록 요점만 간추려서 노래 형식으로 만든 운문 또는 정제된 글귀 보통 한 구에 3, 5, 6자 등 여러 종류가 있음), 도식圖式 등 여러 분야의 책을 읽고 한대와 당대, 송대 사람들처럼 글자의 뜻을 분명하게 이해하면 지금 글 공부하는 데 도움이 된다. 15세부터 앞에서 말한 방법대로 경, 사, 제자, 이학, 정치, 지리, 소학 등을 두루 공부한다. 자질이 우수한 자는 5년이면 공부를 마칠 것이고 중간 수준의 학습자도 10년이면 될 것이다. 만약 학당에 과목 전담 교사가 있거나 이들 내용으로 학당만의 자체 교과서가 있다면 중간 수준의 학습자도 5년에 공부를 마칠 수 있을 것이다. 그리고 그 기간에 서양어 학습도 병행한다. 그다음 단계에서는 전문적으로 오늘날 시정을 연구하고 서양 법률도 널리 공부한다. 만약 옛것을 좋아해서 탄탄히 연구하고 공명심에 휘둘리지 않는 자가 학문연구만을 원한다면 5년 후에는 시야가 넓어지고 조예도 깊어져서 자신의 힘으로 공부를 할 것이다. 그러나 100명이 입학하면 그중 셋이나 다섯 정도만이 학문연구에만 전념하기를 원한다. 이것이 바로 정수[約]로 넓음[博]을 지키는 일이며, 자하가 말한 '널리 배우고 가까이서 생각함[博學近思]', 순자가 말한 '얕음으로 넓음을 지탱함[以淺持博]'도 이런 맥락이다. 대체로 저술에만 전념하는 학문이 있고 학당에서 교육을 하는 학문이 있다. 전문적인 책은 폭넓은 범위와 정교한 내용을 추구하며 이는 한없는 작업으로서 할 수 있는 사람만 이것을 하는 일이지 모두가 이 일을 할 필요는 없다. 학당의 교과서는 간략하고 실용적이어야 하며 내용의 범위와 단계가 있어서 반드시 모두가 이해할 수 있는 것으로 한정해야 한다.(서양에서 천문학과 물리, 화학, 박물학 등 모든 학문은 전문학교과 일반학교에서 각각 다르게 다루어진다.) 앞으로 관직에 진출해서 세상사에 활용할 사람은 모두 중국학문에 대한 기본적 소양이 있는 사람이다. 읽어야 할 책들은 이미 있으니 마침내 싹이 트고 크게 자라는 날이 있을 것이다. 우리가 우리의 책을 공부한다면 나라가 망하는 일은 거의 없지 않을까.

하나, 경학은 대의를 통한다

심신수양과 국가경영에 적합한 것을 대의라고 한다. 일반적으로 대의는 선명하고 알기 쉽다. 황당하고 기이한 것이 있다면 이것은 이단이며 대의가 아니다. 『역경』의 대의는 음양의 성쇠다. 『서경』의 대의는 사람을 알고 백성을 편안하게 함이다. 『시경』의 대의는 좋은 것을 키우고 그에 따르며 나쁜 것은 바르게 구제하는 것이다.(『시보서詩譜序』에서 "공을 말하고 덕을 칭송해서 좋은 점을 키우고 그에 따르며 잘못된 것을 지적하고 실수를 나무라서 나쁜 점을 바르게 구제한다."라고 했다.) 『춘추』의 대의는 왕도를 밝히고 난적을 벌하는 것이다. 『예기』의 대의는 친족을 가까이하고 높일 사람을 존중하며 현명한 자를 현명한 자로 살리는 것이다. 『주례』의 대의는 나라를 다스리고 관청을 운영하며 백성을 다스리는 세 가지 일이 공존하는 것이다.(태재太宰가 나라를 세울 때의 여섯 가지 법전[六典] 중 치전治典은 나라를 경영하고 관청을 운영하며 만민의 질서를 잡는 것이다. 나머지 교전敎典, 예전禮典, 정전政典, 형전刑典, 사전事典은 모두 나라, 관청, 백성 세 요소를 함께 언급한다. 일반적으로 관청은 나라와 백성의 중추다. 관청이 잘 다스려지지 않으면 나라와 백성이 함께 그 피해를 입는다. 이것은 오직 『주례』에만 있는 말이다. 따라서 한대에는 이것을 『주관경周官經』이라 했고 당대에는 『주관례周官禮』라고 했다.) 이 내용들은 모든 경서의 대의를 포괄한다. 예를 들면 『십익+翼』은 『역경』을 해설했고, 『논어』, 『맹자』, 『춘추좌씨전』은 『서경』을 해설했다. 대서와 소서는 『시경』을, 『맹자』는 『춘추』를, 『대기戴記』는 『의례儀禮』를 각각 해설한 것으로 모두 대의라고 말하는 것이다.

요지를 정리하면서도 수고스럽지 않으려면 요약할 때 다음의 일곱 단계를 거치면 된다.

첫째, 명례明例. 경서 전체의 의례義例(저작의 요지와 편집 격식)를 말한다.(『모시毛詩』에서는 음운에 대한 훈고가 가장 중요한 일인데 『시경』의 음과 훈을 잘 알고 있다면 여러 경서의 음과 훈은 모두 여기서 미루어 알 수 있다.)

둘째, 요지要指. 오늘날 가장 필요한 것은 경서 한 권에도 적으면 수십 개, 많으면 백여 개가 있다.

셋째, 도표圖表.(경서의 도표는 모두 중국 사람이 만든 것이 좋다. 보譜는 표와 같은 것이다.)

넷째, 회통會通. 어떤 경서와 그것과 관련된 많은 책들이 공통적으로 관련된 것이다.

다섯째, 해분解紛. 옛 학자들 간에 내세우는 뜻이 다른 경우에 각각 근거가 있다. 그중 나은 것을 선택해서 정통으로 삼고 다시 생각할 필요가 없다. 이러면 시간을 소모하지 않게 된다.(대개 청나라 사람들의 학설에서는 나중에 나온 것이 좀 낫다.)

여섯째, 궐의闕疑. 너무 어려워서 이해하기 어렵거나 너무 의미가 많아서 알기 어려운 것은 검토하지 않는다.

일곱째, 유별流別. 어떤 경전에서 이어받거나 전수한 원류나 고금의 경학가의 가법家法을 말한다.(그중 가장 유명하고 오늘날에도 있는 저서를 검토한다.)

이 일곱 가지는 나누어 시행하고 일의 핵심을 파악하여 문제를 순조롭게 해결한다. 절반의 노력으로 배의 효과를 얻는 방법이다.

대체로 여러 경서들은 청나라의 경학가들의 학설을 주로 따른다. 『역경』은 『정씨역전程氏易傳』과 옛 주석을 함께 따른다.(양자 간에 충돌은 없다.)『논어』, 『맹자』, 『대학』, 『중용』은 주희의 주석을 따르고 청나라 경학가들의 학설을 참고한다. 『역경』은 『정씨역전』과 손성연孫星衍의 『주역집해周易集解』(손선생의 책은 한대의 해석과 왕필의 주를 모두 채택했다.), 『서경』은 손성연의 『상서고금주소尙書今古文注疏』, 『시경』은 진환陳奐의 『모씨전소毛詩傳疏』, 『춘추좌씨전』은 고동고顧棟高의 『춘추대사표春秋大事表』, 『춘추공양전春秋公羊傳』은 공광삼孔廣森의 『공양통의公羊通義』(청나라에서 『공양』을 공부할 때 이 책에 말한 것만 잘 파악한다면 잘못은 없을 것이다.), 『춘추곡량전春秋穀梁傳』은 종문증鐘文烝의 『곡량보주穀梁補注』, 『의례儀禮』는 호배휘胡培翬의 『예의정의禮

儀正義』, 『주례』는 손이양孫詒讓의 『주례정의周禮正義』, 『예기』는 주빈
朱彬의 『예기훈찬禮記訓纂』(『흠정칠경欽定七經』의 전설傳說, 의소義疏는 공
부하는 사람들 누구나 읽어야 할 책이므로 여기에는 거론하지 않는다.)만을
읽는다. 『논어』와 『맹자』는 주희의 주석 이외에 『논어』는 유보남柳
寶楠의 『논어정의論語正義』, 『맹자』는 초순焦循의 『맹자정의孟子正義』
가 기존의 학설을 고증하고 의리 부분에서 주희의 해석을 따랐다.
『효경』은 보통 읽는 해석본을 읽으면 되며 크게 따질 필요는 없다.
『이아爾雅』는 학의행郝懿行의 『이아의소爾雅義疏』만 본다. 오경의 전
체 내용은 진풍陳澧의 『동숙독서기東塾讀書記』, 왕문간(王文簡=王引之)
의 『경의술문經義述聞』, 『설문해자說文解字』는 왕균王筠의 『설문구독說
文句讀』(이와 함께 단옥재段玉裁, 엄가균嚴可均, 계복桂馥, 유수옥鈕樹玉를 참고
하면 선명하고 상세하게 이해할 수 있다. 단옥재의 『설문해자주』는 상세하고
심오하여 전문가의 지도에 따라서 공부해야 한다.)만 보면 된다.

 이상의 책들은 권수가 적지 않아 전부 읽고 이해하려고 해도 5년
이 걸린다. 이 여러 책 중에서 중요한 부분만을 먼저 공부하고 이
해해야 한다. 이때는 한유의 요점을 제시하고 정수를 잡아내는 방
법을 써서 책에 표시를 한다.(정론만 보고, 억지를 써서 논란을 일으킬 수
있는 부분은 신경 쓸 필요가 없다.) 만약 앞에서 말한 일곱 단계를 가지
고 내용을 뽑아서 책 한 권을 만든다면 모두 옛 학설만을 수록하
고 억지스러운 학설은 한마디도 없을 것이다. 소경小經은 한 권을
넘지 않고 대경大經은 두 권을 넘지 않아 공부하는 사람이 아주 편

하다. 이것이 학당에서 경서를 공부하는 교과서가 되면 장구를 해석할 필요도 없고 경서의 원문 전체를 가져다 볼 필요도 없다.(보통 15세 이전에 이 경서들의 원문을 읽었으므로 글의 의미는 대략 알고 있다.) 교사가 이것으로 가르치고 학생이 이것으로 공부한다면 일 년이나 일 년 반 정도면 공부가 끝날 것이다. 이 방법으로 경서를 공부한다면 내용을 적지만 오류가 없고 간략하지만 서술하지도 않으며 중도에 그만두는 경우라도 하나도 모르는 일은 없다. 경서의 내용 천여 줄을 가지고 성품과 학식을 형성하고 근본을 길러낸다면 죽을 때까지 상도常道를 벗어나거나 어길 걱정은 없을 것이다. 간략히 말하자면, 우선 반드시 경서를 연구한 사람들의 저술의 겉모습을 될 수 있는 대로 다 깨버려야 경서를 정확히 이해하고 실행할 수 있다. 이는 시골의 훈장이나 과거시험의 유행을 따르는 사람들이 할 수 있는 일이 아니다.

둘, 사학史學은 치세와 난세의 법제를 고찰한다

사학이 다룰 내용은 크게 다음의 둘이다. 하나는 사실이고 하나는 제도다. 사실에서는 치세와 난세의 중요한 부분에서 오늘날 교훈으로 삼을 만한 것을 검토하고 관련이 없는 것은 취하지 않는다. 제도에서는 시대의 변화를 고찰하는 데 필요한 것을 채택하고 오늘날의 법제에 쓸모가 있는 것을 검토하고 활용할 가치가 없는 것은 생략한다. 사실 부분은 『통감通鑑』에서 찾는다. 통감의 학문(『자

치통감』,『속통감續通鑑』,『명통감明通鑑』)은『기사본말記事本末』을 읽으면
서 축약한다. 제도는 정사와 양통(『통전通典』과『문헌통고文獻通考』)을
참고한다. 정사의 학문은 지志와 열전列傳에서 주의奏議를 읽으면서
축약한다.(예로『한漢』「교사郊祀」,『후한後漢』「여부輿服」,『송宋』「부서예악
符瑞禮樂」, 역대의『천문』,『오행』, 원대 이전의『율력』, 당대 이후의『예문』은
꼭 다루지 않아도 무방하다. 지리는 관련된 큰일만 보면 된다. 수로는 오늘날
쓸모 있는 것만, 관제는 통치방법과 관련 있는 것만 보면 된다. 예전에는 있
었지만 지금은 폐지된 것, 유명무실한 것, 시행기간이 짧거나 자주 개정된 것,
녹은 있으나 관직은 없는 것, 하찮은 것 등은 검토하지 않아도 무방하다.) 양
통학은 즉『통전』과『문헌통고』에서 내용을 뽑아 축약하며 급하지
않은 것은 을乙로 쳐둔다.『문헌통고』는 십분의 삼을 가져오고『통
전』은 십분의 일을 가져오면 충분하다.(청나라 사람이 쓴『문헌통고상
절』이 있기는 하지만 어느 한 사건에 대해서는 가장 중요한 사건의 경위 부
분에서 자세히 말해야 할 부분을 자세하지 않게 다루었으며 내용 중에는 참
고할 필요가 없는 부분이 여럿 있다.)『통지通志』의「이십략二十略」은 그
일례를 알기에 무난하다. 역사를 고찰한 책은 조익趙翼의『이십사
사찰기二十二史札記』를 축약하면 된다.(왕홍성王鳴盛의『상권商榷』도 뽑
아 쓸 만하고, 전대흔錢大昕의『고리고異』는 고증은 정밀하고 실용은 간략하
여 다루지 않아도 무방하다.) 역사평론은『어비통감총람御批通鑑輯覽』을
축약하면 된다. 사마온司馬溫의『통감론通鑑論』은 그 의미가 가장 정
통성을 따르고 오로지 경학의 수호를 중시한다. 왕부지의『통감론
通鑑論』과『송론宋論』은 박식하고 독창적이지만 기존의 학설을 뒤집

는 데만 치중한다.『어비통감집람』만 오늘날 세상사에 가장 쓸 만
하다.(존왕 때문에 그런 것이 아니다. 학문을 좋아해서 섬겼음이 읽어보면 저
절로 드러난다.) 이들은 모두 오늘날까지 활용될 수 있는 사학이다.
고고학적 성격을 띤 역사학은 여기에 거론하지 않았다.

셋, 제자는 가져오고 버릴 것을 알아야 한다

경서의 대의를 계발하고 새로운 이치를 끌어내면서도 경서의 대
의를 해치지 않는 것으로 판명되는 것은 가져오고 공맹의 도를 현
저히 해치는 것은 버린다. 자세한 것은『종경』편에서 논했다.

넷, 이학理學은 학안學案을 본다

주돈이, 정호, 정이, 장재, 주희 등 5자五子 이후의 송명 유학에는
학자들 상호 간의 학풍 계승, 심오하고 미묘한 부분에 대한 탐색,
주희와 육구연 학설 간의 분화, 상호 비판이 있다. 또한 불교와 노
장 사상의 요소가 유입되었고 그 경계도 분명하지 않다. 문체는 다
분히 불교 종파의 어록을 모방했고 실제적 모습은 세속에 가깝다.
고명한 사람은 좋지 않게 생각해서 보지 않고, 성실한 사람은 실망
스러워 아무것도 얻는 것이 없다. 이학의 맥은 끊이지 않고 실처럼
이어져 있다. 학안을 보면 그 학문과 실천을 함께 들여다보는 동시
에 각 학파 간의 우열이나 내용의 진위를 판별할 수 있다. 황종희黃

宗羲는『명유학안明儒學案』을 단독으로 저술했다. 핵심 의도는 뚜렷하나 자기 학파의 단점이 다소 드러나 있다. 전조망全祖望의『송원학안宋元學案』은 수정·보완한 것으로 다루고 있는 내용이 범위가 넓고 내용에 대한 평가도 균형 잡혀 있다. 학술의 득실을 선명하고 알기 쉽게 보여준다. 두 책은 내용이 아주 방대하기 때문에 한 유의 요점을 제시하고 정수를 잡아내는 방법을 통해서 전체 내용 중 2할만을 읽으면 된다. 이 두 책을 섭렵했다면 다른 이학자의 책은 꼭 보지 않아도 된다.『주자어류』만은 원서의 내용이 아주 많아서 학안에서는 주자의 전체상을 다 보여주지 못해서 별도로 내용을 뽑아놓아야 한다. 진란보陳蘭甫『동숙독서기』의「주자朱子」편이 가장 좋다.

다섯, 시나 산문류는 사실이 담긴 것을 읽는다

문인만을 위한 글은 볼 만하지 않다. 더구나 오늘날에는 볼 가치가 없을 뿐 아니라 볼 겨를이 없다. 그러나 주의奏議, 편지, 기사 등은 여전히 쓸모가 전혀 없지 않다. 사전史傳, 전집全集, 총집總集에서 사실을 기록하거나 도리를 서술한 것만을 찾아서 읽고 다른 부분은 읽지 않는다. 직접 창작을 한다면 읽기 어려운 문장을 짓지 말고, 뜻이 애매하고 형식이 복잡한 시를 짓지 말라. 그러면 힘들이고도 정신을 헤치는 일은 없다.(주자는 "구양수와 소식의 글의 장점은 문장이 평이하면서도 원리를 담고 있다는 것이다. 초입부에서는 의미가 다

른 글자는 한 번도 쓰지 않고 이를 흔히 쓰는 글자로 바꾸었다."라고 했으며,

"글은 실제에 근거해서 지어야지 꾸미거나 지나치게 복잡하게 써서는 안 된다.

대체로 7, 8할은 현실이고 2, 3할이 문장이다. 구양수 문장의 장점은 실제에 근

거하면서 이치를 담고 있다는 점이다."라고도 했다. - 『주자어류』 권139)

여섯, 정치서적은 최근의 것을 읽는다

정치서적은 청조의 것을 주로 보며 100년 이내의 것은 정사를,
50년 이내의 것은 주의奏議를 보면 더욱 쓸모 있다.

일곱, 지리는 오늘날 유용한 것을 본다

지리는 오늘날을 아는 것만이 중요하다. 형세, 오늘날의 수로(먼
저 큰 하천), 물산, 도시, 수송로(수로에 배만 다닐 수 있는 것은 아니다),
도로, 요충지, 바다와 육지의 변방, 통상이 이루어지는 항구를 파
악한다. 『한서漢書』「예문지」의 역사 고증, 『수경주水經注』의 폭넓은
기술은 잠깐 짬을 내서 보면 된다. 지리를 살펴볼 때는 지도가 있
어야 하는데 오늘날의 지도가 기준이 되고 옛 지도는 참고자료다.
중국학 내에서 지리를 언급할 때 그렇다. 지구 전체의 모양, 외국의
여러 나라의 면적, 거리, 도시와 항구, 기후와 지형, 빈부와 국력수
준을 지도를 보면서 파악한다면 열흘이면 지식을 다 습득할 수 있
다. 우선은 상세하게 알려고 할 필요는 없고 러시아, 프랑스, 독일,

영국, 일본, 미국 등 여섯 나라에 중점을 두고 다른 나라는 나중에
보아도 좋다.

여덟, 산학算學은 각자 익힌 분야에 따라 학습한다

　서양인은 산학에 정통했지만 산학이 서양 기술의 전부는 아니다.
서양 제도와는 더더욱 관계가 없다. 천문, 지도, 화학, 역학, 광학,
전기학 등에 모두 수학이 있다. 따라서 각각의 분야에서 운용하는
것이 어떤 학문인가를 보면 바로 저마다 산학을 익히고 그것을 응
용하는 것으로 맺는다. 이렇게 한다면 실제로 사용하면서 범위도
있게 된다. 오늘날 산학을 공부하는 이상지李尙之, 항매려項梅侶, 이
임숙李壬叔 등은 전문적으로 산학의 이론을 공부하지만 심오하고
세밀한 산학의 원리를 모두 공부하려면 백발이 다 되어도 끝을 기
약할 수 없다. 이러한 전문가의 학문은 세상을 경영하는 수단이 아
니다.(산학은 서양에는 많고 중국에는 적은데 너무 완결되고 정밀한 것을 추
구한다면 중국 학문에 방해가 될 것 같아서 여기에 부차적으로 실어놓는다.)

아홉, 소학은 대략의 뜻과 중요한 사용 사례에만 통달하면 된다

　중국 학문의 훈고는 서양 학문의 번역에 해당한다. 어떤 사람의
생각을 알려면 먼저 그 사람의 말을 이해해야 한다. 옛날로 거슬
러 올라갈수록 길고 멀고 경서의 문장은 쉽기도 하고 심오하기도

하다. 한대와 송대의 학문은 말할 것도 없이 어떤 책을 읽는다 해도 먼저 그 자구의 뜻을 알지 않으면 안 된다. 요즘 사람들이 중국 학문을 싫어하는 것은 훈고 때문인데 이는 참 잘못된 것이며 놀랄 만한 일이다. 정이천은 "글자를 볼 때는 먼저 그 글자의 뜻을 이해하고 나중에 문장의 의미를 알아간다. 글자의 뜻을 이해하지 못하고 문장의 의미를 아는 경우는 없다."라고 말했다.(『이정유서二程遺書』, 『근사록』에서 인용) 또 주자는 이에 대해 여러 글들에서 이렇게 말했다.

"훈고는 마땅히 옛 주석을 따라야 한다."(『주자어류朱子語類』 7권)

"후학을 가르치는 것은 그들에게 책에 근거해서 글자의 뜻을 분명히 알도록 하는 것이 가장 중요하다. 오늘날 사람들 중 많은 이가 도에 넘치게 제멋대로 글을 지어 후학들을 그르치는데 사실은 제대로 알지 못하고 이러는 것이다."(「답황직경서答黃直卿書」)

"한대 유학자들은 경서를 잘 해설했다고 할 수 있다. 그들은 훈고만을 한 것이 아니고 이 훈고를 통해 사람들이 경서의 문장을 음미할 수 있도록 했다."(「답장경부서答張敬夫書」)

"예전에 한장韓丈에게 『설문해자』를 출판하는 것이 어떠냐고 물으면 이에 찬성하는 것이 좋다 했다."(「답여백공서答呂伯恭書」. 이 외에 훈고에 대한 중요한 언급은 많다.)

각 경서에 대한 주자의 주석은 아주 정밀하고 많은 부분을 『설문해자』에 근거했다.

『잠부론潛夫論』의 "성인은 하늘의 대변자이고 현인은 성인의 해설

자이다."라는 말은 좋은 비유라고 할 수 있다. 옛 소리와 옛 의미를 잘 알지 못하고 고서를 이해하고자 함은 서양의 글자를 알지 못하고 서양의 책을 다 이해하려고 하는 것과 무엇이 다른가?

지난 100년을 돌아보면 『설문해자』를 연구하는 사람들은 평생 연구할 것을 쌓아놓고 여기에서 헤어나지 못하는데 이 또한 병폐이다. 간략히 말해 핵심 의미와 사용법만을 다 익혀도 응용할 수 있다는 뜻이다. 핵심 의미와 용례는 육서(상형, 지사, 회의, 형성, 전주, 가차)에 대한 이해, 옛날 음운과 현재의 음운이 어떻게 다른지에 대한 이해, 고문古文, 주문籀文, 호문籒文의 근본이 되는 중요한 요소와 그렇지 않은 것에 대한 식별, 사성 등으로 글자의 의미를 아는 요점을 아는 것, 부수 540자의 의례義例를 잘 아는 것을 말한다. 사물의 종류에 대한 것은 유용함과는 관계가 없다.(수부水部에 전문서적이 있는지, 시부示部에 제례에 관한 것이 많은지, 배나 수레의 제도가 상세한지, 초부草部와 충부蟲部는 눈으로 확인하는 것이 필요한지 등 이런 것들은 글자 하나하나를 세세히 알려고 할 필요는 없다.) 해설에 분명치 않은 점이 있으면 의례義例에 뜻하지 않게 모순이 생기는데 그것이 없다면 논하지 않는다.(허신許愼이 지은 『설문해자說文解字』는 누락되거나 유실된 것도 있고 깊은 의미도 많이 담고 있다. 그러나 육서에 정통하려 하면서 허신의 설문해자를 전부 공부하지 않으면 그 노력은 한계가 있고 중단할 것이다.) 설문에 정통한 학자의 해설을 통한다면 열흘이면 대략 이해할 것이며 한 달이면 이해 정도가 수준급에 이를 것이다. 같은 종류에 이 방법을 확장하면 그 사람에게는 시간만 허비하고 도를 깨뜨릴까 걱정할 수가 있을까? 소학을 그만두어 가르치지 않거나 일부러 그것을 번거롭고 어려운 것으로 가르치면 사람들은 그것이 싫어서 공부하지 않고 경서가 가진 옛 뜻은 아득해지고 얄팍한 속설만 남아서 후세를 이끌어갈 재목들은 누구나 성인의 도를 가볍게 여기고 가치가 없다고 여길 것이다. 나는 경서가 담고 있는 도리가 사라지는 날이 올까 두렵다.

평범하고 뜻이 강하지 않은 사람, 어려운 것을 꺼리는 사람이라면 먼저 『근사록』, 『동숙독서기』, 『어비통감집람』, 『문헌통고상절』을 읽어라. 이 네 권을 다 익힌다면 중국 학문을 제 것으로 만들어 활용할 수 있다.

아편 끊기
去毒

슬프다! 서양 아편의 해로움이 홍수나 맹수와 같은 기세다. 아니 그보다 더 심한 것 같다. 홍수피해는 9일을 넘지 않고 맹수의 피해는 은도殷都에서는 일어나지 않았다. 서양 아편은 백년이 넘도록 해를 끼쳤고 22개 성에 퍼져서 1억 명이 피해를 보았고 점점 스며들어 멈추지 않는다. 인재를 망치고 군기를 약화시키며 경제력을 소진시켜서 오늘의 중국이 되었다.(최근 수입된 서양산 상품은 액수가 팔천여 만이고 수출되는 국산품은 오천여만 원도 안 된다. 양약의 가격은 삼천여만이니 적자이다. 중국은 통상 때문에 가난한 것이 아니고 서양 아편을 피우기 때문에 빈약한 것이다.) 그리고 문무에 걸친 인재를 망치는 해는 재산상의 손실보다 더 심각하다. 기지가 강하지 않고 힘도 부족하며 일처리가 성실하지 않고 하루에 하는 일은 많지 않으며 견문이 넓지 않다. 먼 곳을 돌아보지 않으며 지출은 절제가 없으며 자손은 번창하지 않는다. 이렇게 수십 년이 다시 지나면 중국은 이미 모두 사예四裔의 도깨비로 변해버린 후일 것이다.

예전에 국가는 엄한 처벌과 법으로 그것을 금지했으나 효과가 없었다. 하늘에서 중국을 재난에 빠뜨렸는데 누가 그것을 제지할 수 있을까? 그러나 나는 그렇게 생각하지 않는다. 논어에서는 "형벌로 제제하면 면했을 때 부끄러워하지 않는다." "예로 제제하면 부끄러워 스스로 바로잡는다."라고 했다. 이는 법으로 다스릴 수 없는 자를 명분을 얻어 다스림을 말한 것이다.(고염무는 "법으로 사람을 다스리는 것이 명분으로 사람을 다스리는 것보다 못하다"라고 했다.) 학기에서는 "군자가 백성을 교화하고 풍속을 성숙시키려면 꼭 공부를 통해야 한다!"라고 했는데 이는 정치로 교화시키지 못하는 자도 이 배움으로 교화시킬 수 있다는 말이다. 왜 그런가? 중국이 아편을 피우게 된 것은 나태함에서 비롯한 것이다. 나태함은 일이 없기 때문에 생긴 것이고 일이 없는 것은 아는 것이 없어서 그렇게 된 것이고 아는 것이 없게 된 이유는 견문이 없기 때문이다. 선비의 공부는 강장講章, 묵권墨卷으로 이루어진다. 관의 공부는 기존의 사례로 이루어진다. 군대의 공부는 무딘 무기와 낡은 진법으로 이루어진다. 이것만 이루어지면 충분하다.(최근 송학, 한학, 사장백가의 학문도 모두 휴지더미를 뒤져 의미 없는 말을 내뱉는다. 현실에서 습득하고 만물을 통해 고찰하는 것을 필수로 여기지 않는다.) 농업에서는 이윤을 낼 수 없고 땅에서는 별다른 것이 나오지 않고 공장에는 새로운 기계가 없고 상인에게는 큰 뜻이 없고 여행하는 자에게는 첩경이 없다. 모두들 신중하게 움직이지 않고 깊이 생각하지 않으며 널리 교류하지도 않고 멀리 가지도 않아서 그렇게 된 것이다. 비루함이 졸렬함을 낳고 졸렬함이 느슨함을 낳고 느슨함이 한가로움을 낳고 한가로움이 폐단을 낳는다. 따라서 기호가 그것에 맞는 것은 모두 공부하지 않기 때문이다. 만약 공부모임이 널리 활성화되면 문무의 각 인사들과 도시와 농촌의 모든 계층들이 공부하지 않는 사람이 없고, 약한 사람은 신문읽기를 통해 공부하고 강한 사람들은 여기저기를 돌면서 공부한다. 군자는 전 세계를 가슴에 품고 소인은 온갖 기예를 생각하게 된다. 그리고 위로는 행성을 측량하고 싶어지고 아래로는 지격地隔을 탐구하며 남북극을 탐사하고 싶어질 텐데 밤낮으로 놀기만 하거나 등불하나 책상 하나에서 늙어가는 일이 있을 수 있을까? 그것을 이끌고 하지 않는데 하물며 그것을 금지할까? 결국 "흥학이 아편을 막는 처방이다."

　최근 나라 안의 뜻있는 자들은 시대를 걱정하고 난 때문에 골치 아파하며 인류가 절멸할까 벌벌 떨며 걱정한다. 상해와 양주에는 모두 계연회戒烟會가 있다. 그들은 대부분 각자 그 소속원을 통제한다. 만약 아편을 하는 사람이 있다면 주인은 그를 더 이상 하인으로 쓰지 않고 선생은 더 이상 그를 학생으로 두지 않고 장수는 그를 수하군사로 두지 않고 땅주인은 더 이상 그를 고용인으로 쓰지 않으며 상인들은 더 이상 그를 동업자로 두지 않으며 기술자는 더 이상 그를 직공으로 두지 않는다. 대부분 어리석고 천한 사람을 다스리는 일일 뿐이다. 무릇 돈 많고 신분이 높으며 재능 있는 사람을 다스리지 않으면, 즉 장리將吏, 사장師長, 전주田主, 공사工師는 흡연을 끊지 않는다. 그들은 묵가와 양주의 늪에 빠져 있으면서도 오히려 아무렇지도 않은 것 같다. 그리고 관리들은 모두 정해진 직무가 없다. 그들은 관직을 여관처럼 보면서도 아무렇지도 않다. 내가 말하는 것은 공부로 지혜롭고 능력 있는 젊은 사람들을 길러내는 것이다. 어리석고 천한 사람은 내 힘이 미치는 사람만 교육을 할 것이고 노쇠한 사람들은 그대로 둘 것이다. 십 년 후 이들 지혜롭고 능력 있는 젊은 사람들이 대부분 부와 명예상의 성취를 하거나 일정한 지위에 올랐거나 가정이 있을 것이다. 이들이 각자 거느린 사람들을 지도하는 데는 30년이면 된다. 지금 각 성에서는 학회를 많이 만들고 있다. 계연회도 여기에 합류해서 행동을 같이해야 하며 어떤 학회든지 다음의 항목을 규정에 삽입해야 한다. "사십 세 이상이 된 사람은 아편을 끊을지 여부를 자기 좋을 대로 하고, 사십 세가 안 된 사람 중 아편을 피우는 사람은 입회할 수 없다." 가훈과 향약, 학칙에서 이것을 명시한다. 일이 극점에 도달하면 회귀한다. 지금이 그때이다.

공자는 "부끄러움을 아는 것은 용기에 가깝다."라 했고 맹자는 "남과 같지 못함을 부끄러워하지 않고 어떻게 남과 같은 것이 있겠는가?"라고 했다. 무릇 지구상의 만국에서는 먹을 수 없는 독주를 싫어하는데 우리 중국만 전국적으로 거기서 허우적대면서 시름시름 앓다가 가난 속에서 죽어가려고 하는가? 고금을 통틀어 기이한 변화가 있었지만 이보다 더 심한 적은 없다. 공맹을 되살려서 염치를 밝혀서 세상을 교화해야 한다. 그 시작은 반드시 아편 끊기에서 시작해야 한다.

외편

外篇

1장

지혜 늘리기
益智

자강은 힘에서 나오고 힘은 지혜에서 나오며 지혜는 배움에서 나온다. 공자는 "어리석더라도 반드시 깨우치며 부드럽더라도 반드시 강해진다"고 말했다. 깨우치지 않고서 강해질 수 있는 자는 없다. 사람은 힘으로는 호랑이와 표범 같은 맹수의 적수가 되지 못하나 그것들을 사냥할 수 있다. 지혜! 사람은 힘으로는 큰 물줄기를 막을 수 없고 높은 산을 깎아 내릴 수 없다. 하지만 그것들을 막아내고 개척할 수 있는 힘이 바로 지혜다. 어찌 서구 사람이 지혜롭고 중국 사람은 어리석은가? 유럽에는 나라가 많아 여러 호랑이들이 서로 엿보고 서로 집어삼킬 생각들을 하고 있다. 힘이 상대편과 대등하지 않으면 스스로 생존할 수 없다. 따라서 부강을 도모하는 정치, 천체를 관측하고 지상을 측량하는 기능을 가르친다. 날마다 새로운 방법이 등장하며 이를 서로 모방하고 서로 승리를 다툰다. 그 나라들의 땅은 서로 닿아 있으며 항로와 철로가 개통된 후부터는 왕래가 더 빈번해졌고 견문도 더 넓어졌다. 따라서 백년의 세월 동안 눈에 띄게 변했고 최근 30년간은 발전이 더욱 빨라졌다. 집은 사방으로 트인 넓은 길에 위치해서 묻지 않아도 많이 알게 되고 배움에는 놀라운 벗이 있으니 힘들이지 않고도 얻는 것이 많아진다. 중국은 춘추, 전국, 삼국 시대에 인재가 가장 많았다. 여러 왕조를 거쳐 한데 모인 끝에 맥이 빠진 채 동쪽에 위치했다. 이웃에 있는 이들은 거의 모두 산기슭과 물가의 야만족, 오랑캐였고 사막의 변방이었는데 그들이 다스리는 통치술과 학술은 중국을 능가할 수 없었다. 오래된 방법을 지키고 가끔 수정하며 구학에 머물러 범위를 넘어서지 않아도 충분히 걱정 없이 안전을 유지할 수 있었다. 시간이 점점 흐르면서 해묵은 폐단이 날로 심해졌고 구법舊法과 구학의 정수는 점차 상실되어갔다. 오늘날 전 세계가 다 통해서 서로 모습을 견주어보니 초라한 모습이다. 서구의 강성과 개방이 우리 선조의 조정에 잘 맞을 때만 조정은 관대한 태도를 가지고 사람들을 속이거나 멀리하지 않고 크게 바라보며 부분적인 생각에 얽매이지 않는다. 그리고 쓸 만한 사람들이 많아지고 물리력도 강화된다. 우리의 지식은 사람을 보내서 자문을 구하고 먼 곳에 가서 배워야 한다. 또한 그곳의 방법을 따오거나 장점을 배우면서도 외부의 자극제로 삼고 우리 중국을 나태에서 깨우고 중국의 사치를 근절할 수 있다. 이렇게 되면 안 되는 일이 없으며 직접 운전하지 않고도 타고 다닐 수 있다. 그러나 도광道光(1782~1850) 말기에는 통상과 군사 활동에서 서구 국가의 세력이 더욱 강해졌고, 중국인은 아직 깨우치지 못했으니 무력에 의해 침탈을 당하고도 별로 깨닫지 못했다. 게다가 도적들도 난리를 피우니 더욱 정신이 없다. 임문충林文忠[1]은 『사주지四洲志』와 『만국사략萬國史略』 번역에 손을 댔으나 일을 매듭 짓지 못했다. 문정이 학생을 외국으로 보낸 적이 있지만 오래 가지는 못했다. 문문충(文文忠)[2]은 동문관同文館 창설, 주재원 파견, 서학분야 서적 번역 등을 했지만 고립적이었고 돕는 이도 없었다. 잘못된 생각과 엉성한 대책이 조정에 가득했고 대만의 생번, 유구열도, 이리伊犁, 조선, 월남·미얀마, 일본 등지에서 차례로 경고의 신호가 왔다. 재난의 조짐은 급박했지만 사대부들의 대처는 어리석고 거만했다. 하늘은 깨우쳐주고 있는데 사람은 그것을 거부하니 이를 뭐라고 해야 한단 말인가!

정치, 사법, 군사, 민생, 외교 등은 모두 사대부의 지혜이고, 경작, 개간, 농기구, 비료시비 등은 농민의 지혜이며, 기계의 사용과 실물에 관한 지식은 모두 공업인의 지혜이고, 영역확장, 신상품 개발, 타국상황 관찰, 각국의 길흉 비교 등은 상인의 지혜이며, 군함, 진지, 측량 등은 군대의 지혜이다. 이들은 부강을 길러내는 실질적 방안들이지 속임수나 음흉한 기교가 아니다. 중국 사람들은 도무지

---

1) 임칙서가 광동 연금 시절 서구를 이해하고자 사람을 시켜 외국의 서적과 신문들을 번역하게 했고 몸소 번역 출간을 주관함. 특히 "사주지"는 전 세계 5개 대륙의 30여 개국의 지리, 역사, 정치를 소개한 책으로서 중국근대사에서 세계사를 체계적으로 소개한 최초의 저작임. 文忠은 시호(서열상 최고인 文正 다음임, 그 뒤로는 순서대로 문공, 문성, 문단, 문각, 문양이 있음)
2) 문양(文樣, 1818~1876)을 말함. 1861년부터 15년간 군기대신 겸 총리아문직을 수행. 양무운동을 적극 추진한 사람으로 청말 중앙정부의 양무파 지도자 중 한 사람

이것들을 열심히 배우려 하지 않는다. 이러한 상황이 바뀌지 않으면 서구는 더욱 더 지혜롭게 되고 중국은 더욱 어리석어질 것이다. 이익과 권리를 상실하고 소득은 적고 손해는 많아서 자신도 모르는 사이에 모든 중국인들은 서양인의 하인이 다 되어 있을 것이다. 하인이 되는 것에 그치지 않고 빼앗기는 것에만 그치지 않고 결국 다 먹혀버릴 것이고 뒤로 갈수록 속도는 더 빨라진다. 따라서 지혜로 나라를 구해야 한다. 배워서 지혜를 늘리고 사대부가 농민, 공업인, 상인, 군인을 이끈다. 사대부가 지혜롭지 못하다면 기타 계층도 지혜롭지 못하게 된다. 정치의 학學을 추구하지 않으면 기술[工藝]의 학도 불가능하다. 나라가 지혜로우면 세력이 약하더라도 적국은 그 나라를 멸망시키지 못한다. 백성이 지혜로우면 나라가 위태로워도 타국민이 그들을 해칠 수 없다.(인도가 영국에, 코칸드[3]와 카자흐가 러시아에 각각 점령되고, 아프리카가 영국, 프랑스, 독일 등에 분할점령된 것은 모두 어리석어서 그런 것이다. 미국은 영국에 복속된 적이 있으나 지혜롭기에 독립했다. 쿠바는 스페인에 복속되었지만 어리석지만은 않기에 다시 떨쳐 일어섰다.) 지혜는 어떻게 해야 갖추어지는가? 첫째는 허망함을 버리고 둘째는 엉성함을 버리는 것이다. 고루하고 자만함은 허망함의 시작이다. 요행 심리, 나태함은 경솔함의 근본이다. 둘을 버리지 않으면 소나 말 같은 보잘것없는 존재가 될 뿐이다.

---

3) Kokand(1709~1876)

우민화에 대한 변론

   최근 3년 동안은 대체로 외국이 강하고 중국이 약하다. 바다 쪽 사람들은 약간이 그나마 『만국공보』를 보고, 강남제조총국(滬局)[4] 의 번역서를 읽었다. 서양의 선교사들에 의해 중국인들보다 서양 인의 지혜가 우월함을 점차 깨닫고 그것이 중국의 역대 제왕들이 백성들을 바보처럼 만들었기 때문이라고 생각했다. 이는 참 잘못 된 생각이다. 『노자』에서는 "도라는 것은 백성들을 계몽하지 않고 그들을 어리석게 하는 것이다"라고 말했다. 이것은 이사나 한비 계 통의 학이고 폭압적인 진나라의 정사다. 역대왕조가 어찌 다 여기 에 해당한단 말인가? 한나라 때에는 경서를 수집하고 육경을 중 시했다. 또한 박사를 세우고 우수한 사람[賢良]을 중용했으며 재능 이 뛰어난 수재를 발굴하고 먼 나라에 그들을 파견했다. 이는 우민 화가 아니다. 당나라는 50여 개에 달하는 과목을 설치했고 송나라 는 학교를 널리 세웠으며 군사학교도 아울러 설립했다. 명 홍무洪 武 3년에는 과거에 경서과목 이외에 산술, 기마, 궁술, 법률도 추가 했다. 이는 우민화가 아니다. 수나라 때부터 문장으로 관리를 뽑았 고 그것이 오늘날까지 이어지는데 이것을 우민화라고 말하는 것은 거짓말이다. 우리나라의 역대 성군들은 모두 백성을 깨우침을 이 념으로 삼아 『수리정온數理精蘊』, 『역상고성歷象考成』, 『의상고성儀象

---

4) 이홍장이 1856년 상하이에서 설립한 기구로 1867년 虹口에서 高昌廟로 이전하 면서 지속적으로 규모를 확장했다. 당시 청정부의 가장 규모 큰 군수기업이었다.

考成』등을 간행, 배포하고 천산天算에 관한 서학을 교육했다. 사자를 파견해서 위도와 경도를 측정하고 천하의 지도[天下圖]를 그렸으며 지리에 관한 서학을 교육했다.『수시통고授時通考』를 간행, 배포해서 농학을 교육했다.『7경의소七經義疏』를 편찬하고 십삼경, 24사, 구통九通5)을 간행하였고, 사고관四庫館을 설치해서 서적을 편찬했다. 이 책들은 크게 강남과 강북으로 나누어 소장해서 사람들이 마음껏 열람했으며 경학과 사학 분야 백가의 학문에 대한 교육을 실시했다. 동치제의 군무평정軍務平定6)이후 안팎으로 동문관과 방언관7)을 설립하고 번역을 교육했다. 제조국을 설립하고 기계공학을 교육했다. 선정아문船政衙門을 설립하고 선박을 교육했다. 학생들을 수차례 미국, 영국, 프랑스, 독일 등지로 보내 공법, 광학, 해군, 육군, 포대, 철도 등의 내용을 공부하게 했다. 총서總署8)에서는

---

5) 당唐나라 두우杜佑의『통전通典』, 송宋나라 정초(鄭樵)의『통지通志』, 송말 · 원초宋末元初 마단림馬端臨의『문헌통고文獻通考』의 삼통三通과, 청淸나라 건륭제乾隆帝의 흠정欽定에 의한『속통전續通典』『속통지續通志』『속문헌통고』의 속삼통續三通 및『황조통전皇朝通典』『황조통지』『황조문헌통고』의 황조삼통皇朝三通으로 이루어진다.

6) 청나라 정부가 태평천국군과 염군 등 각지방 반청무장봉기를 진압한 일을 가리킴. 동치는 청나라 穆宗 시기의 연호로 1862~1874년임.

7) 청조정은 베이징, 상하이, 광저우 등에 외국어 계열 학관을 설립했다. 1862년에 공친왕은 베이징에 동문관('경사동문관'이라고도 함)을 설립했고 이는 총리각국사무아문 소속임. 1863년 장수성 순무 이홍장이 경사동문관을 본떠 상하이에 "廣方言館"('상하이동문관'이라고도 함)을 세움. 1864년 광저우 장군 단린, 양광(광동과 광시) 총독 모홍빈이 상하이의 것을 본떠 "광방언관"(동명, '광저우동문관'이라고도 함)을 세움.

8) 총리각국사무아문을 말함. 또한 "역서譯署"라고도 함. 1860년 베이징 조약 체결

공법, 물리, 화학 등 분야의 책을 간행했다. 강남제조총국에서는 서구 서적 70여 종을 번역하고 각종 서구 학문을 교육했다. 그리고 동문관에 3년 일하면 특전이 제공되었고 해외주재원도 3년을 지내면 특전이 있었다. 학당의 학생도 추천장이 부여되었으며 각지 유람에는 자금도 후하게 제공했다. 조정은 백성의 무지를 깨려고 노력했으며 사대부층의 지혜를 기대하였는데 기대에는 매우 못 미쳤다. 고루한 선비들과 세속적인 관리는 새로운 학문을 비난하고 서로 배우지 말자고 했다. 따라서 책은 많이 번역되지 못했고 제대로 배우지도 않았다. 해외파견자의 태반이 공부를 하지 않았기 때문에 쓸 만한 재목이 된 사람은 많지 않았다. 즉 배우지 못한 사람들이 조정을 책임졌다. 그리고 전통적인 3차형 과거시험은 서학을 포함할 수 없었으며 중국의 학문만으로 만족했다. 잘못은 주최 측에 있었다. 응시자들은 표절을 했다. 폐단은 제도에만 있는 것이 아니었다. 만약 경서의 뜻에 관한 문제에 척척 대답할 줄 안다면 그는 경세제민의 줄기, 백가의 학술도 반드시 잘 알아야 한다. 정사를 담당하면 일을 할 줄 알아야만 하고 세상의 변화에도 통달해야지 어리석어서는 안 된다. 자식이 못나면 집안 가득 책이 있어도 읽지 않고 집안에 스승이 있어도 가까이하지 않는다. 마당을 지나 글방에 들어가서는 속일 궁리만 하여 다 망해서 가난해져야 부모를 원망한다. 이것이 잘못되지 않았다고 할 수 있는가?

_____

이후 청정부가 양무운동과 외교업무를 위해 특별히 설립한 중앙기관.

최근의 분위기에서 대체로 서학을 찬미하는 자는 중국의 조정에 옳은 구석이 하나도 없다고 생각한다. 아주 많은 사람들이 고조/증조/조/부도 모두 경멸할 수밖에 없다고 생각하며, 심지어는 수천 년 전 탓을 하면서 역대의 제왕들은 잘한 것이 하나도 없다고 하고 역대의 문무대신과 문인과 무인들 가운데 쓸 만한 사람이 하나도 없다고 생각한다. 2천 년 전에 서학은 어떠한 학문이었고 서양의 나라들은 어떤 나라였는지 모르는가?

2장

유학
游學

　"외국에 일 년 나가 있는 것이 사서를 5년 동안 읽는 것보다 낫다."는 말은 조영평趙營平[9]의 "백번 듣는 것보다 한 번 보는 것이 낫다"는 말에 비견되고, 외국의 학당에 입학해서 일 년을 있는 것이 중국의 학당에서 삼 년을 있는 것보다 낫다는 말은 맹자가 "장악에 데려다 둔다."[10]고 말한 데 비견된다. 유학游學이 어린 사람보다는 철 든 사람, 보통 사람보다는 신분이 높은 사람에게 더 효과적

---

9) 조영평은 서한의 장령將領이다. 이름은 충국充國, 자는 옹손翁孫, 농서 상규隴西 上邽 출신. 흉토, 퇴지에서 공을 세워 후장군으로 임명되고 영평 제후로 봉해져서 조영평이라고도 부름. "백문불여일견"이라는 말은 漢書조충국전에 나옴.

10) 맹자가 대불승에게 "자네가 자네의 임금을 착하게 하고자 하느냐? 내가 자네에게 밝혀 말하리라. 초나라 대부가 그들에게 제나라 말을 하게 하려면 제나라 사람을 스승 삼을까? 초나라 사람을 스승 삼을까?"라고 묻자, 대불승은 "제나라 사람을 스승 삼을 것입니다"라고 대답했다. 맹자는 "제나라 사람 하나를 스승 삼았더라도, 모든 초나라 사람이 초나라 말을 지껄이면 비록 날마다 종아리를 쳐서 제나라 말을 하게 하여도 하지 못하지만 장악莊嶽(제나라의 도시)에 수년 동안 데려다 두면 비록 날마다 종아리를 쳐서 초나라 말을 하게 하여도 하지 못할 것이다. 『맹자』「등문공 하편」6장

이라는 점은 예전의 유람에서도 발견되었다. 진晉나라 문공은 외국에 19년 동안 체류하면서 제후들을 폭넓게 만나고 자기 나라로 돌아와서 패권을 장악했다. 조趙나라는 무령왕이 평복을 입고 진나라를 여행하고 돌아온 후 강성해졌다. 춘추전국시대에는 떠돌며 배우는 유학이 가장 일반적이었다. 증자, 좌구명과 같은 현자와 오기, 낙양자 등의 수재들은 모두 돌아다니면서 배웠다. 기타 책사策士와 잡가雜家들은 일일이 열거하지 않겠다. 그 후 뛰어난 군주와 훌륭한 신하들의 경우, 한무제는 장안에서 공부했고, 유비는 정강성鄭康成(정현), 진원방陳元方(진기)과 교제했다. 명대의 손승종孫承宗[11]은 도착하기 전에 변경의 요새를 두루 살폈고, 원숭환袁崇煥[12]은 경관京官이 되던 날 요동으로 잠입해 들어갔다. 이 지난날의 사실들은 모두 효과가 분명했다. 오늘날의 일을 말해보자. 일본은 작은 나라인데 어떻게 그렇게 금세 흥성했을까? 이토 히로부미伊藤博文(1841~1909), 야마가타 아리토모山縣有朋(1838~1922), 에노모토 타케아키榎本武揚(1836~1908), 무쓰 무네미쓰陸奧宗光(1844~1897) 등은 모두 20년 전 외국 유학생이었다. 이들은 일본이 서구에 위협당하

---

11) 손승종(1563~1683)의 자는 雉繩, 명 신종神宗 때의 진사, 병부상서를 지냈고 위충현魏忠賢의 배척을 받고 관직에서 물러났다. 청의 군대가 산해관으로 들어가 고양高陽까지 진격하자 집안 사람들을 이끌고 저항하다가 성이 함락되자 자살했다. 문집으로 『고양집高陽集』이 남아 있다.

12) 원숭환(1584~1630)의 자는 元素다. 광동 동완 출생. 명 선종 때의 진사. 단신으로 산해관을 나와 외부 사정을 살폈고 후에 후금(청)군대와 치른 전투에서 수차례 승리를 거두었다. 적의 이간질로 조정의 처형을 당했다.

는 현실에 분개하여 각각 100여 명씩을 데리고 각각 독일, 프랑스, 영국으로 가서 정치, 상공업, 육해군 군사학 등을 배웠다. 학업을 마치고 돌아온 후 각료와 장군이 되자 정사가 금세 변했고 큰 모습으로 동방을 내려다보았다. 러시아의 전 황제 표트르는 러시아가 강하지 못함에 분개해서 집적 영국과 네덜란드 두 나라의 조선소에 가서 10여 년간 노동을 하면서 그 나라 해군의 항해술과 조선술을 익혔다. 귀국 후에는 모든 일이 변해서 오늘날에는 점차 세계제일의 대국이 되었다. 이것만이 아니다. 샴(태국)은 오래도록 프랑스가 노리고 있다가 광서 20년에 양국 간에 충돌이 일어 거의 태국이 점령당할 뻔했다. 샴 국왕은 이에 분개하여 내정 개혁을 단행하여 일체를 다시 시작했고 세자를 영국에 보내 해군 군사학을 공부시켰다. 작년 샴 국왕이 유럽을 방문할 때 증기선을 몰고 홍해로 와서 그를 마중한 자는 바로 공부를 마친 왕세자였다. 샴 국왕 자신도 서구의 언어와 서구의 학문을 잘 알았고 각 나라에서는 더욱 경의를 표해서 샴은 결국 멸망하지 않았다. 상급으로는 러시아, 중급으로는 일본, 하급으로는 샴이 있는데 오로지 중국은 그 안에 들지 못하는가?

배우러 가는 나라는 서양보다 일본이 낫다. 첫째, 거리가 가까워서 비용이 절약되어 많이 보낼 수 있다. 둘째, 중국과 가까워서 쉽게 돌아볼 수 있다. 셋째, 일본의 글은 중국의 글에 가까워서 이해하기 쉽다. 넷째, 서양의 책이 아주 많아서 서학 중에서 별로 중요하지 않은 것은 일본에서 이미 간추려 뽑아서 수정했다. 중국과 일본은 정서나 풍속 면에서 가까우니 쉽게 본떠서 실행하기가 쉽다. 절반의 노력으로 배의 효과를 얻을 수 있는 것으로 이만한 것이 없다. 만약 스스로 더 깊이 배우고 완벽해지고 싶어서 다시 서양에 간다면 이것도 안 될 이유는 없다.

어떤 이는 "예전에 미성년자를 미국에 유학시킨 적이 있는데 왜 효과가 없나?"라고 말하는데, 이는 "어린 사람을 보낸 것이 잘못이다." 또 "영국, 프랑스, 독일 육해군에서 관련 지식을 습득해 왔는데 왜 인재가 많지 않은가?"라고 말하는데, 이는 "감독관이 제대로 감독하지 않은 잘못이다." 또 "중앙 관리를 시찰 보낸 적이 있는데 왜 재목감과 그렇지 않은 사람들이 동시에 있는가?"라고 말하는데, 이는 "사람을 잘못 뽑은 잘못이다." 비록 내가 알기로 이 중에는 쓸 만한 것을 갖춘 자가 있기도 하지만. 만약 목이 멘다고 그만 먹는다는 말이나 돼지 발 하나만 가지고 풍작을 기원하는 식[豚蹄一酒][13]의 희망사항은 그 나라를 망치는 나쁜 말이므로 듣지 않으면 된다.

맹자의 말에 따르면 성현, 제왕, 장상 들이 어려움을 겪고도 일을 해낸 것은 "마음을 움직이고 참아내며 불가능을 늘리고", "우환 속

---

13) 돼지족발 하나만 가지고 풍작을 기원한다는 뜻. 적게 쓰고 많은 것을 바라는 주관적 억측을 꼬집은 말. 사기 滑稽열전에서 유래. "얼마 전 제가 동쪽으로부터 오다가 길가에서 풍작을 기원하는 사람을 만났습니다. 그 사람은 돼지 발굽 하나와 술 한 잔을 차려놓고 '높은 밭에서는 채롱에 가득, 낮은 밭에서는 수레에 가득, 오곡이여! 풍성하게 익어서 집안에 가득 넘치게 하소서'라고 빌고 있었습니다. 저는 차린 것은 보잘것없으면서 바람은 많았기에 웃었습니다."

에서 산" 덕분이다. 모욕을 당하고도 부끄러워하지 않고 나라가 위급한데 두려워하지 않는 것은 움직이지 않는 것이다. 멍한 상태에서 깨어나지 못하고 제멋대로 굴면서 다른 사람에게서 배우는 것을 부끄럽게 생각하는 것은 참아내지 않는 것이다. 행동이 변하지 않고, 한 사람이 말하면 여럿이 동조하여 변화를 꺼린다면, 관리들은 하나도 아는 것이 없고 사대부들은 잘하는 것이 하나도 없고 일하는 자들은 기술이 하나도 없다. 외적으로 먼 곳으로 가지 않고 내적으로는 배움이 확립되어 있지 않으면 개선되지 않고 아무것도 할 수 없다. 이처럼 세 가지가 모두 없다면 우환 속에서 죽을 것이니 생존은 도무지 논할 수 없다!

3장

학당 설립
設學

올해 특별 시험을 지시한 조서가 내려지자 사람들은 무척 고무되어 공부하는 분위기가 형성되었다. 그러나 육과[14]에서는 선뜻 하려고 하거나 천자의 마음에 맞는 자를 그리 많이 만날 수가 없다. 작년에 각 성에 학당을 설립하라는 명이 있었는데, 시일이 많이 지나지 않았는데도 경비는 아직 모이지 않았고 실행한 경우는 많지 않다. 학당을 설립하지 않고 소양을 기르지도 않으면서 갑작스럽게 그것을 구하니, 이는 숲에 나무도 없는데 웅장한 집을 바라는 것이나 연못을 파지도 않고 큰 물고기를 기대하는 것과 같은 꼴이다. 외국에 나가서 공부하는 일은 비용이 많이 들어서 사람들이 할 수 없는 일이 많다. 그리고 배움에는 기초가 있어야 하는데 원리를 깨우치고 목표가 정해진 사람이어야 외국으로 보낸다. 일이 빠르고 문제가 없기를 바란다면 나라에 골고루 학당을 세우지 않으면

---

14) 1898년 특별시험의 여섯 분야 內政, 外文, 理財, 經武, 格物, 考工

안 된다. 각 성, 도, 부, 주, 현에는 반드시 학당이 있어야 한다. 경사京師에는 대학당, 도와 부에는 중학당, 주와 현에는 소학당을 세울 수 있다. 중학과 소학당은 사람을 뽑아 대학당으로 올려 보낸다. 부와 현에서는 인문지식이 풍부한 자와 기술면에서 다재다능한 자가 있어서 부에는 대학을 세울 수 있고 현에는 중학을 세울 수 있으면 더욱 좋다. 소학당에서는 사서를 공부하고 중국의 지리와 역사를 어느 정도 알고 있고 산수나 제도, 과학 지식을 약간 알고 있는 자를 모두 받는다. 중학은 각 분야에서 소학보다는 조금 심화시켜서 오경과 통감, 정치학, 외국의 언어와 문학 등을 배운다. 대학당에서는 더욱 심화시키고 배우는 양도 늘린다.

어떤 이는 "나라 안에 학당이 너무 많으면 정부에서 어떻게 이 재정을 감당하겠는가?"라고 말한다. 하지만 '먼저 서원을 개조하면 된다.' 학당 학습의 범위는 모두 조서詔書에서 정한 과목에 한정된다. 서원이 바로 학당이 되는 것이니 불필요하게 많아질 수가 있겠는가?

또 어떤 이는 "부와 현의 서원은 재정상황이 열악하고 공간도 좁으며 작은 현의 경우는 더욱 누추하고 심지어는 없는 것이 있다. 그런데 여기서 교육을 하고 책과 기구들을 구매할 수 있나?"라고 말한다. 이는 '현 하나에 학교를 세우기 좋은 자리를 마련하고 마을 축제 비용을 전용하면 된다. 한 부족에서는 사당 건립비용을 전용하면 된다.' 또 어떤 이는 "하지만 숫자에도 한계가 있는데 어떻게 하는가?"라고 말한다. 이는 '불교 사원을 개조하면 된다.' 지

금 사원은 매우 많지 않은가? 도회지에는 백여 구가 있고 큰 현에
는 수십, 작은 현에는 십여 곳이 있다. 이들은 모두 토지를 소유하
고 있는데 이것들은 모두 포시布施에서 얻어진 것이다. 학당으로 개
조한다면 건물과 토지가 다 갖추어져 있으니 이 또한 어렵지 않은
일이다. 요즘 서양의 종교가 날로 번창하고 불교와 도교 양대 종
교는 날로 미약해지고 있어 그 세력은 오래 존속되지 못할 것이다.
불교는 이미 말법末法15)의 중기 상태에 있고, 도교도 귀신이 신령스
럽지 않게 되었다는16) 근심을 가지고 있다. 만약 유가의 기운이 일
어나 중국이 태평하게 다스려진다면 이 두 종교도 보호를 받을 것이
다. 대략 현 한 곳의 사찰에서 열에 일곱을 가져다 학당을 짓고
나머지 셋은 사당에 남겨둔다. 토지는 학당에서 일곱을, 사당에서
는 셋을 사용한다. 토지의 가치를 측정한 다음 조정에 표창을 건의
한다. 승려와 도사들은 상 받기를 고사하고 그것을 친족의 관직으
로 돌리려 할 것이다. 이렇게 되면 수많은 학당이 빠르게 설립될 것
이다. 이것을 기초로 하여 이후에 지방 유지들의 모금을 권장하고
이를 점차 늘려간다. 옛날 북위北魏 태무太武제 태평진군太平眞君 7년
(446~447년)과 당 고조高祖 무덕武德 9년(626~627년), 무종(武宗) 회창
(會昌) 5년(840년)에는 모두 불교 사원을 폐지한 적이 있다. 하지만

---

15) 불교의 삼법(正, 象, 末) 중의 하나, 정법은 500년, 상법은 1000년, 말법은 10000
   년. 말법의 중기는 쇠락의 길로 접어드는 단계이다.
16) 『노자』 60장 "도로 천하에 임하면 귀신은 신령스럽지 않게 된다"(以道莅天下, 其
   鬼不神)

예전에는 부역을 시키는 데 뜻이 있어서 그 법도가 썩었거나 아니면 불교를 억압함으로써 도교를 살리기 위한 것이었으므로 사사로운 것이었다. 지금은 현의 인재양성을 위한 것이고 표창도 하니 공적인 것이다. 만약 각성에서 지방의 교사를 추천하여 그 지방 학당의 설립을 신속히 처리하면 현 사원의 상황을 실사한 후 조정에 건의할 것인데 조정에서도 허가하지 않을 이유가 없다.

학당의 규정은 대략 다섯 조항으로 이루어진다.

하나, 신구를 함께 공부한다. 사서, 오경, 중국역사, 정서政書, 지도가 구학이고 서양행정, 서양실업, 서양사가 신학이 되겠다. 구학이 체體이고 신학은 용用이며 한쪽에 치우쳐서는 안 된다.

둘, 제도와 기술[政藝]을 함께 공부한다. 학교, 지리, 재정, 세무, 국방, 법률, 산업, 통상 등이 서양의 정이고 산술, 회화, 광업, 의학, 음향학, 화학, 전기 등이 서양의 예다.(서양의 행정 중 서양의 형사입법이 가장 훌륭하다. 서양의 기술 중 의학이 군대의 임무에 이익이 되므로 국방분야 담당자는 이를 중시해야만 한다.) 재능과 식견이 뛰어나고 나이가 많은 사람은 서양 제도를 공부하고, 사고가 정밀하고 민첩하며 나이가 적은 자는 서양의 기술을 공부한다. 소학에서는 기술을 제도보다 먼저 가르친다. 대학과 중학에서는 제도를 기술보다 먼저 가르친다. 서양의 기술에는 전문 분야가 있으니 적어도 10년은 배워야 한다. 서양의 제도는 몇 가지를 병행할 수 있으니 3년이면 요령을 터득할 수 있다. 시대를 구하는 계책과 국사를 도모하는 방법은 제도가 기술보다 더 급하다. 그러나 서양의 제도를 가르치는 사람양 서양 기술의 쓰임새도 대략 알고 있어야 서양 제도의 의미를 잘 알게 된다.

셋, 소년을 가르쳐야 한다. 산술은 사고가 날카로운 사람이, 회화는 눈이 좋은 사람이, 물리, 화학, 제조는 머리가 좋은 사람이, 외국어는 발음이 좋은 사람이, 체육 체격이 건장한 사람이 배워야 한다. 중년 이상의 학습자는 재능이나 체력이 이미 떨어졌으니 학습을 따라가지 못하는 경우가 종종 있고 그 정도가 심해지면 쉽게 그 상황을 받아들이기 어려우며 공부를 다 마치는 것이 더뎌질 뿐 아니라 다 마치지 못할 수도 있다. 노력만 배로 들이고 성과는 반밖에 없는 경우이다.

넷, 팔고문을 가르치지 않는다. 신학문은 모두 과목이 될 수 있지만 그것은 팔고문과 다르지 않다. 경서와 함께 역사, 지리, 정치, 수학을 배우는 것은 팔고문에도 유익하다. 모든 학생들은 집에서 그것을 알아서 공부할 수 있는데 왜 학교에서 그것을 가르치려고 애써서 생각을 분산시키고 역량을 빼앗기는가? 주자는 "옛 사람들은 생각한 적이 없는데 팔고문 하나에 배우는 자가 이것 때문에 다급해진다. 너에게 가르쳐 달라고 할 필요가 있나?"라고 말했다. 처량하다!

다섯, 이익다툼을 금한다. 외국의 대학, 소학은 모두 학교에서 돈을 받아서 숙식과 학비로 사용하고 학습보조금은 지급하지 않는다. 오랜 관습에서는 중국 서원을 가난한 선비를 구제해 주는 곳으로 오해해서 흔히 보조금이나 상으로 돌변해서 본래의 의미에서 이미 큰 차이가 생겼으며 걸핏하면 사소한 일을 문제 삼고 서로 다투었다. 타락해도 별 생각이 없었고 학당의 질서를 어지럽혔으며 남의 명의를 도용하여 품위란 것은 거의 사라져버렸다. 오늘날 서양의 방법만을 따를 수가 없으니 옛 규칙도 다듬어야 한다. 학당은 숙식 시설을 갖추고 학비를 받도록 해서는 안 되고, 반대로 보조금을 주어서도 안 된다. 북송시대 국학의 점수 쌓기 방식을 가져와 매월 과목마다 점수가 많은 자는 뽑아서 상을 준다. 몇 년 후 사람들의 인식이 높아지면 학비 수납을 허가할 수 있고 이를 통해 학교는 더욱 넓어지고 더 많은 재목들을 키울 수 있게 된다.

여섯, 교사들에 대한 요구가 지나쳐서는 안 된다. 초창기에는 좋은 교사들이 많을 수가 없다. 최근 서양 학문의 많은 책들이 상하이에서 간행되는데 분야도 다양하고 제도와 기술 분야 핵심에서는 상세한 편이다. 능력 있는 사람이 석 달 동안 공부하면 소학에서 가르칠 수 있고 2년 후에는 성정부 소재지 학당에서, 능력이 빼어난 자는 중학에서 가르칠 수 있다. 대학당 설립 초기에는 만들어지는 것도 별로 없을 것이다. 각 성에서 몇 명씩을 직접 구하면 대략 무방할 것이다. 3년 후 새로운 책들이 쏟아지고 교육자도 더 많아지면 대학당에 교사가 없음을 걱정하겠는가?

만약 서원을 신속하게 설립할 수 없다면 뜻 있는 사람들이 학회를 만들어서 함께 공부해라. 문인들의 낡은 풍습은 과거준비, 해서, 방생, 글자 쓴 종이 아끼기, 술마시기, 시읊기, 장기두기, 노름 등으로, 걸핏하면 모임을 가지니 어떻게 혼자서 자신과 세계에 관련된

학문을 할 여유가 있겠나? 옛 사람들은 돼지를 키워서 밥을 먹을
정도로 가난했지만 공부한 내용을 잘 소화할 수 있었는데 집 곳곳
에 수많은 책을 쌓아둔 후라야만 공부를 할 수 있나? 시작할 때는
둘, 셋이지만 점점 열 배 혹은 백 배가 된다. 정성이 있다면 천 리
밖에서도 그에 호응하는 사람이 반드시 나타난다. 예전에 백노伯魯
는 공부에 관심이 없어서 망했다. 월나라의 구천은 10년 동안 교훈
을 곱씹어서 일어섰다. 국가의 흥망 또한 여기에 있는 것이다.

4장

학교 제도
學制

　외국 각 나라의 학교 제도에는 전문학교와 공공학교가 있다. 전문학교는 세심하고 깊은 곳까지 연구해 들어가서 이전 사람들이 발견하지 못한 것을 알아내고 남들이 하지 못하는 것을 해내며 이를 평생 동안 그만두지 않으며 후손에게 이어져도 끝이 없다. 이렇게 제한이 없다. 공공학교는 정해진 내용만을 공부하며 정해진 것만 익힌다. 정해진 이치만을 알고 일정도 미리 짜여 있으며 기간도 정해져 있다.(3년이거나 5년이다.) 입학하는 사람은 중도에 그만두기도 하며 게을리하는 사람도 적지만은 않다. 중도에 포기한다 해도 열심히 하는 사람이 많아지지는 않고 자질이 우수한 사람이 함께 한 반을 이루고 자질이 뒤처지는 사람이 함께 한 반을 구성한다. 중간에 제대로 따라오지 못하는 사람은 그다음 단계의 반을 만든다. 학생들이 한데 모여 공부하고 교사들이 전부를 가르치는 것에는 한계가 있다. 모든 일에는 기획이 있고 모든 집에는 설계가 있다. 교사가 가르치지 않은 책이 없으면 학생이 이해할 수 없는 의미는 없다. 교사가 충분히 이해한 책으로 가르친다면 교사는 힘들지 않을 것이다. 학생은 이해할 수 있는 것을 배우면 괴롭지 않을 것이다. 어떠한 학당에 입학할 것인가를 물으면 어떤 과목을 배울 것인가를 알게 된다. 학당에서 몇 년을 공부할 것인가를 묻는다면 등급을 어떻게 나누었나를 알게 된다. 문무의 각종 업무와 사민四民의 온갖 기술은 그 배움에서는 같지 않은 것이 없다. 소학당의 책은 깊이가 얕은 편이고 내용도 적은 편이다. 예를 들면 천문, 지질, 회도, 산학, 격치, 방언, 체조와 같은 것이다. 구체적이고도 세밀하다. 중학당의 책은 깊이가 있는 편이고 내용도 많은 편이다.(예를 들어 소학당에서 보는 지도는 아주 소략하다. 경계선과 큰 산과 강만 있을 뿐이다. 여기서 더 자세히 하면 부와 현이 있고 산과 강의 형세도 더 자세해진다. 거기서도 더 자세히 들어가면 철도, 전선, 광산, 학당 등도 표기한다. 여타의 책도 이와 같다.) 방언方言은 각 나라들을 함께 다루며 산학은 대수代數와 대수對數를 가르친다. 그래서 화학, 의학, 정치학은 그 뒤에 가르친다. 다른 과목도 이와 같다. 소학, 중학, 대학은 각각 2~3등급으로 나뉜다. 학습기간이 채워진 후 시험으로 등수를 매기고 학습 증서를 수여한다. 국가에서 인재를 등용하려면 학당에서 뽑아온다. 학당의 자료를 검토하여 어떤 직책에 임명할 것인가를 알아본 후 채용한다. 이런 과정을 통해 관료는 미숙한 상태로 일을 하지 않고 공부하는 사람들은 쓸데없는 것을 공부하지 않는다.

학당에서 공부하는 책은 교사가 만들고 학부에서 확정한 후 나라 안에 배포한다. 몇 년 후 내용을 빼고 더하며 개정을 해야 하기도 하며, 수시로 내용을 다듬는다.

학당의 비용은 지방의 신사로부터 거두고 나라에서는 약간의 국고를 내어서 보조한다. 학당에 입학한 사람은 학업성취에만 열중해야지 생활보조를 받을 생각을 해서는 안 된다. 사람당 한 달에 학비를 얼마 정도 내서 식사비, 교사 사례금으로 쓸 것이며 가난한 사람은 조금 내고 돈 많은 사람은 많이 낸다. 나라와 지방인사가 학당에 준 돈은 학당 건설, 교사초빙, 도서구입, 비품구입 등에만 쓰며 학생들의 생활보조금이나 장려금으로 쓰지 않는다.(또한 무료교육이 있어서 극빈 가정의 자녀를 교육시키는데 학생이 내는 돈은 거의 없다. 하지만 무료교육은 아주 적어서 가르칠 학교에 오는 사람이 매우 적다.) 배우러 오는 사람이 돈을 낸 이상 일정한 소득을 얻고 돌아가려고 해야 한다. 학업을 마친 후에 사농공상 각 계층은 각자 생계가 있어서 먹고살 문제를 알아서 해결한다. 이것이 교육으로 부양하는 방법이며 한 나라에 소학은 만여 곳, 중학은 수천 곳 대학은 백여 곳이 있는 것은 비용을 국가나 유지들에게만 의존하지 않기 때문이다. 거기에는 세 가지 장점이 있다. 첫 번째는 돈을 내고 공부하기 때문에 열심히 한다는 점이고, 두 번째는 뜻이 경제적 이득에 있지 않아서 분쟁이 일어나지 않는다는 점이다. 세 번째는 국가에서 비용을 많이 들이지 않고도 학교가 널리 설치된다는 점이다. 소자첨蘇子瞻(소동파)은 신법학교新法學校를 반대하면서 "민간의 힘을 계발해서 관청을 운영해야 하며 민간의 재정을 거두어서 유사游士들을 부양해야만 한다."고 말했다. 서양의 방식에서 한 것처럼 비용을 많이 들이지 않는다고 생각할 수 있다. 왕개포王介甫(왕안석)는 신법학교가 잘못되었다고 후회하며 "본래 책벌레들[學究]을 바꾸어서 수재로 만들려고 했는데 수재들은 책벌레들로 변하려 하지 않았다"라고 했다. 서양에서 한 것처럼 책벌레로 변할 걱정을 하지 않을 수 있다. 대저 동서양 각 나라에서 학당을 설립하는 방법과 사람을 쓰는 방법은 대동소이하다. 나는 이것이 학식學式이라고 생각한다.

5장

번역진흥
廣譯

최근 십년 동안 각 성의 학당에는 서양 사람을 교사로 초빙해왔다. 그러나 여기에는 두 가지 폐단이 있다. 가르치는 사람과 배우는 사람 사이에서 말이 안 통해서 전적으로 통역에 의지한다. 통역하는 사람은 아주 식견이 좁거나 그 나라 말만 공부했다. 본질적인 뜻을 빼놓고 전달하고, 작은 것을 크게 부풀리며 이해하지 못한 부분은 의미를 빼놓거나 바꾸어서 말한다. 이것이 첫 번째 폐단이다. 통역이 좋아도 서양 교사들의 수업은 하루당 두세 시간을 하지 않고 과목도 한둘에 지나지 않는다. 서양 사람은 익숙해지면 흔히 고의로 느슨하게 일하고 능력을 다 발휘하지 않는다. 그 기간이 오래되어서 방법을 더하고 빼서 일 년을 가르치는 것이다. 교사가 노고를 꺼리지 않으면 서양인 한 사람에게서 얼마나 많이 배울 수 있을까? 서양인 교사 한 사람을 쓰는 비용은 이미 거액이다. 따라서 학당이 건립된다고 해도 재목으로 양성되는 사람은 매우 적다. 주자가 말한 "마음으로 깨달은 바가 없어 아는 것에도 한계가 있는"[17] 경우이다. 이것이 두 번째 폐단이다. 앞의 것은 공부의 질이 높지 않은 폐단이고 뒤의 것은 공부의 양이 많은 폐단이다. 기기제조국의 공장에서는 서양인을 기술자로 채용하는데 중국인 기술자가 서양말을 잘 알지 못해서 통역자 한두 사람에 의존하며 그 폐단도 역시 마찬가지다.

삼대에도 번역학을 교육했다. 『주서周書』에는 설인舌人이 있다. 『주례周禮』에는 상서象胥, 송훈誦訓이 있다. 양웅揚雄은 다른 나라 말을 기록했다. 주포朱酺는 서남쪽 오랑캐의 악가를 번역했다. 우근于謹은 여러 나라의 말에 능통했다. 『수지隋志』에는 국어잡문國語雜文, 선비호령鮮卑號令, 바라문서婆羅門書, 부남호서扶南胡書, 외국서가 있다. 요즘 사람으로는 소양邵陽 위원魏源이 있다. 그는 도광제 때 외국의 책들을 번역해서 각 신문에 발표하고 이것을 『해국도지海國圖志』로 엮었다. 이것이 중국이 서양 정치를 알게 된 시초다. 남해 풍준광馮焌光은 동치제 때 상해도 공직 시절에 방언관을 창설하고 서양서 수십 종을 번역했으니 이것이 중국에서 서학을 알게 된 것의 시초다. 오래전부터 번역과 대외인식에 종사한 사람들을 돌아보았는데 과연 모두 호걸들이라 할 만하다.

만약 중학을 잘 알고 서양어에도 능통하다면, 서양인 교사가 있으면 교사와 학생 사이에 언어에서는 오류가 없을 것이고 쉽게 가르치고 배우게 된다. 서양인 교사가 없으면 책을 선생으로 삼아 닥

---

17) 無得於心, 而所知有限者也. 『논어』 「위정편」 집주에 등장한다.

치는 대로 접해서 배우는 범위도 제한이 없다. 외국과의 각서, 조약, 계약에서 중국어와 서양어의 뜻이 동일하지 않으면 그것은 사기행위로서 막심한 해독을 남긴다. 내가 본 현실에서는 중국어의 말과 글에 능통한 서양인은 많지만 서양의 말과 글에 능통한 중국인은 아주 적다. 때문에 만나서 이야기하는 시간은 길지만 속마음을 알 수가 없어서 교섭에서 기회를 잃거나 일이 잘못되는 경우가 많았다.

대개 상업계에서는 영어가 많이 유용하고 공문 조약에서는 프랑스어가 아주 유용하다. 각 분야에서 서학 서적 중 중요한 것은 일본이 모두 번역해놓았다. 우리가 그것을 일본에서 가져온다면 수고는 줄이고 효과는 빠를 것이다. 여기에서는 일본어가 많이 유용하다. 번역공부에는 수준이 있다. 시장에서 교제하는 데 필요한 말만 할 줄 알고 회계 장부에 쓰는 글자만을 간단히 아는 사람은 급수에 들지 않는다. 공문서신을 약간 볼 수 있거나 사물의 이름을 말할 수 있는 사람은 하급이다. 한 분야 학문의 서적(예를 들면, 전문학, 광학을 공부한 사람이 천문학, 광학 서적만을 번역할 수 있는 경우)만 번역할 수 있고 배우지 않은 분야는 번역할 수 없는 것은 중급이다. 여러 분야 학문의 책과 중요한 공문서, 법규의 깊은 뜻을 번역할 수 있는 사람은 상급이다. 하급은 3년, 중급은 5년 상급은 10년을 공부해야 한다. 나는 십 년 후에 번역가들이 많아져서 그들을 활용하게 되기를 기다릴 수는 없다. 게다가 번역공부는 깊지만 공부하는 이의 의지가 어떤지는 아직 모른다. 또한 벼슬길이 없으니 당장의 급선무는 아니다. 서양에서 나온 유용한 책을 많이 번역하는 일은 서양 글을 모르는 사람들을 가르친 후 그들에게 맡긴다. 대개 재직 중인 고관, 중앙의 각 성에 있는 한사寒士, 중학에 조예가 깊은 노학자들, 중국글자를 조금만 알고 있는 상공인들은 그들이 늙고 젊고를 떠나서 모두 그것을 입수해서 읽고 선택해서 활용해야 한다.

책을 번역하는 방법에는 세 가지가 있다. 첫째, 각 성에 역서국譯書局을 많이 설치하는 것이다. 둘째, 외국에 나가 있는 대신들이 그 나라의 중요한 책들을 본 후에 일부를 뽑아서 번역하는 것이다. 셋째, 상하이의 유력한 서적상들과 호사 문인들이 서양책을 많이 번역하는 것이다. 판로는 틀림없이 넓고 번역자는 명성을 얻을 것이며 세상은 유용하게 그 성과를 활용할 수 있다.(이것은 가난한 선비들의 생계가 되기도 해서 새로운 것을 개발해서 성취하는 효용이 잠재해 있다. 그 이익은 과거장 비망록을 돌에 새기는 것과 동일하고 그 공헌은 선서善書를 인쇄하는 것보다 크다. 글자는 좀 크게 해야 한다. 만약 석각본 글자가 작으면 나이가 많고 일이 많은 사람들은 많이 읽을 수 없어서 많이 팔 수 없다. 오늘날 빠르게 새로운 지식을 개발하고자 하는 사람 중 가장 절실한 자는 관직에 있는 사람이다. 그들은 대개 중년 이상이고 일이 많고 여유가 적은데 어떻게 등을 켜고 등불을 켜고 작은 글자를 읽을 수가 있겠는가? 서양의 신문을 번역하는 것도 마찬가지다.)

왕중임王仲任(왕충)은 "옛것을 알고 오늘의 것을 모르는 것을 우매하다 하고, 오늘의 것을 알고 옛것을 모르는 것을 귀 먹고 눈 멀었다고 한다.”라고 말했다. 나는 이것을 바꾸어 “외국만 알고 중국을 모르는 것을 마음을 잃었다[失心]라 하고 중국만 알고 외국을 모르는 것을 ‘눈과 귀가 멀었다’고 한다.”라고 말하려 한다. 서양말을 잘 못하거나 서양글자를 알지 못하고 서양책을 번역하지 못하면 남이 나를 능가해도 믿지 않고 남이 나를 노려도 듣지 않고 남이 나에게 권유해도 받아들이지 않고 남이 나를 삼켜도 알지 못하고 남이 나를 괴롭혀도 보지 못하는데 눈과 귀가 먼 것이 아니면 무엇이란 말인가? 서양 글의 학습은 효과는 늦게 나타나지만 활용도는 넓다. 어리고 관직에 없는 사람들을 대상으로 해야 할 것이다. 서양책의 번역은 아주 유용하고 효과는 빠르다. 이는 중년이며 관직에 있는 사람을 대상으로 해야 한다. 일본 글자를 배우고 일본책을 번역한다면 또 빠를 것이다. 따라서 서양인 교사보다 서양 글이 좋고 서양어책을 번역하는 것보다 일본어책을 번역하는 것이 좋다.

6장

신문읽기
閱報

이한李翰은 『통전通典』의 좋은 점을 "집 밖으로 나가지 않고도 천하를 알고, 개혁을 별로 하지 않고도 세상의 변화를 알고, 정사에 종사하지 않고도 민정에 통달하는 것"(원문에서는 당나라 군주의 이름을 거론하지 않기 위해서 "민"을 "인"으로 썼다.)이라고 했다. 아마 오늘날 중국 및 서양의 각 신문을 이렇게 말할 수 있을 것이다. 나는 여기에 두 구절을 더해서 "교류를 줄이고도 공부를 할 수 있다."고 말한다.

외국 신문사가 여기저기 들어서서 한 나라에 많게는 만여 곳에 이른다. 관보와 민보가 있다. 관보는 국시를 널리 알리고 민보는 민정을 전달한다. 국정의 득실, 각국의 교섭, 공업과 상업의 성쇠, 무기와 전함의 수량, 학술상의 새로운 법칙과 이론 등이 모두 여기에 있다. 이를 통해 한 나라가 한 가정처럼 될 수 있고 오대륙의 사람들이 만나서 대화하는 것처럼 지낼 수 있다.

중국에서는 임문충공(임칙서)이 광동 총독을 지낼 때 외국의 신문을 사서 읽을 때부터 서양의 사정을 알게 되었다. 그 후 그것을 계승하는 자는 없다. 상해의 신문사는 동치 시대부터 있어왔다. 시정市井의 크고 작은 일들을 많이 실었고 서양의 신문들에서 중요한 내용을 뽑아 썼음은 두말할 필요가 없다. 상해보에는 매달 최근 서양의 사안들을 번역해내서 총서總署와 남북양 대신에게 올렸는데 여기에는 모두 두 달 전의 일들이 수록되었다. 글을 뽑을 때 껄끄러운 내용은 빼놓고 쓰지 않았기 때문에 원본과 다른 점이 있다. 을미년 이후 뜻있는 사람들과 문인들이 신문사를 창립해서 서양신문을 폭넓게 번역하면서 광범위한 논의에 참여했다. 이런 풍토는 상해 지역에서 시작해서 각 성으로 퍼져갔으며 내용은 내정, 외사(해외소식), 학술 등을 모두 담았다. 논설이 순박純駁하고 일정하지 않지만 견문을 넓히고 안일을 탐하는 짐독酖毒을 씻고 피리를 만지작거리는 허황된 말들을 해체해버릴 수 있다. 그래서 소견이 좋은 선비나 강산에 묻혀 사는 농부가 신주神州의 존재를 알기 시작하고 편협한 관리와 앞을 못 보는 학자가 시국이 있음을 알기 시작했다. 각 방면의 남자가 학문하는 데 보탬이 된다고 아니할 수 없다.

바야흐로 오늘날에는 외부로부터 당하는 굴욕이 갈수록 심해지고 중요한 사건이 날로 드러나서 군국의 대계나 국사운영의 조밀함은 말할 엄두를 못 낸다. 그러나 서양 각국의 신문은 이미 세계 곳곳에 퍼졌다. 중국의 정사뿐 아니라 동서양 각국의 관계와 공략, 깊은 술책 등을 낱낱이 밝힌 책은 상호 간의 공격이 발생하고 반박이 이루어지는 것에 대해 감추어진 것이 없어서 우리들이 모두 듣고 그것을 예방할 수 있도록 해준다. 이것 역시 세상에서 아주 편리한 것이다.

그러나 나는 신문이 우리나라 사람들에게 이득이 되는 점에서 견문을 넓히는 것은 부차적인 것이고 병을 아는 것이 우선이라고 말한다. 옛날 제나라 환공桓公이 자신이 병을 가지고 있어 죽을 것임을 알지 못했고 진나라는 자신에게 과오가 있음을 듣지 않고 죽었다. 대개 한 나라의 이해와 안위는 그 나라 사람들은 익숙해져서 그것을 제대로 알 수 없을 따름이다. 즉 그것을 알아도 그것을 거침없이 다 말하려 하지 않는다. 만약 이웃나라에서 나온 의견, 더 나아가 아주 강한 나라에서 나온 의견은 거침없이 말하고 거리낌이 없다. 우리나라의 군주와 신하, 각 계층들이 이것을 보고 마음을 움직이며(생각을 바꾸어서) 그것을 두려워하여 행동을 바꿀 수 있다면 중국의 복이 아니겠는가? 요즘 서양 신문을 보는 사람들 중 그 신문들이 중국을 신랄하게 헐뜯으면서 취한 사람이나 썩은 것에 비유하고 분열과 앞다툼을 거론하는 내용에 크게 분노하지 않는 자가 없다. 이런 분노로 충분하다고 말할 수 있을까? 나의 결점을 일일이 따져 묻는 것은 제갈량이 추구했던 덕목이다. 병을 언급하는 것을 꺼려서 몸을 망치는 것을 주자周子(주돈이)는 가슴 아파 했다. 옛말에 "선비는 다투는 벗이 있다."(士有諍友)라고 말했는데 오늘날 "나라에는 다투는 이웃이 있다"라고 말하는 것이 불가능할까?

7장

제도개혁
變法

변법은 조정의 소관인데 어떻게 사민士民과 의논할 수 있는가?
"그렇지 않다." 법의 개정과 고수는 나라의 권한에 따라 좌우되지만
현실적으로는 사민의 의지와 논의에서 성립된다. 증문정曾文正(증국
번)은 시랑이었을 때 상서를 올려 한림원의 소해小楷, 시부詩賦를 폐
지할 것을 건의했다.(『문집文集』卷一) 재상으로 성공한 후 힘이 이 생
각을 받쳐주었다면 최근 30년 동안 관각館閣의 인재를 얻었을 것
이다. 그러나 이 소식을 듣지 못했다. 왜 그런가? 대란의 평정을 시
대의 현자들이 꾸짖은 것 같다. 문문충文文忠(文祥)은 동문관을 개관
하고 공법公法과 격치格致 분야의 책들을 간행했다. 순서대로 추진
한다면 먼 나라에 파견하는 인재, 시무를 아는 인재를 무수히 많이
얻을 수 있을 것이다. 그러나 소심하고 자기보호만 아는 사람들끼
리 서로서로 동문관에 들어가지 말자고 하며 총서總署, 장경章京 시
험에 응시하지 않는다. 수도에서 근무하는 관리 중 신학문을 말하
는 것을 도무지 들어본 적이 없는 것은 왜인가? 어리석고 천박한

구식 학자들이 하는 잘못된 말들에 겁먹은 것이다. 공신과 원로, 명망가와 유력인사들은 나쁜 일에 익숙해져서 돌이킬 수 없게 된 말들에 어지럽혀지는 신세를 면하지 못하고 그 결과를 보지 못함은 또한 슬프고 안타까운 일이다. 또 좌문양左文襄(좌종당)은 복건에 선박부[船政]를, 감숙에 기기직니우국機器織呢局을 창설했다. 심문숙沈文肅(심보정沈葆楨)은 선박부를 만들고 학당을 설립했으며 북양세력과 합의해서 초상국招商局을 설치했다. 정문성丁文誠(정옥정丁玉楨)은 산동과 사천에 서양식 총기 및 탄알제조국을 설립했다. 이들은 모두 오늘날의 청렴하고 지조 있는 명신名臣들이다. 그러나 이들이 주관한 일들은 모두 이러한 일들이다. 시기는 모두 동치 중기와 광서 초기였고 국가가 여유로울 때였다. 애처롭게도 당시의 여론이 많이 트집 잡고 뒤를 잇는 자도 지각이 없어서 기관을 폐쇄하거나 축소해버려서 더 성장시킬 수가 없었으며 그 효과도 증대할 수 없었다. 모름지기 바꿀 수 없는 것은 윤리질서지 법제가 아니다. 성인의 도는 기계가 아니다. 마음 씀은 기술이 아니다. 경전에서 이것을 짚어보자. 끝까지 가면 변한다. 변통은 이익을 다하고, 변통은 시간에 따른다. 손해와 이익을 보는 이치는 시간과 함께 간다. 이는 주역에 나온다. 그릇[器]은 낡은 것을 찾지 않고 새로움을 향한다. 이는 상서에 나온다. 사이四夷로부터 배운다. 이것은 『춘추』에 나온다. 오제는 악樂을 따라가지 않고 삼왕은 예를 답습하지 않는다. 예는 때가 되어야 커진다. 이는 『예기』에 나온다. 옛것을 익혀 새것을 배운다.(유초정劉楚楨은 『논어정의』에서 『한서』 「성제기成帝記」를 인용해서 이렇게 말한다.

조서에서는 "유림의 관직은 고금을 모두 잘 알고 옛것을 익혀 새 것을 배우며 국체에 통달해야 한다"라고 한다. 『백관표百官表』에서 는 "고금을 통함으로써 온고지신의 뜻을 갖춘다." 공영달은 『禮記 疏』에서 이렇게 말한다. "한, 당의 옛 설은 모두 온고지신을 통해 옛 것을 알고 새것을 안다." 『논어』에서는 "세 사람이 함께 가면 반드 시 나의 스승이 있다. 좋은 것을 택해서 따른다."고 했다. 『중용』에 서는 "때에 따라 합당한 것을 고른다."고 했다. 맹자는 "부끄러워 할 줄 모르면 사람답지 않다. 어떻게 사람다움이 있겠는가?"라고 했다.

역사로부터 살펴보자. 봉건제는 군현제로 바뀌었고 추천제는 과 거로 바뀌었다. 부병제는 모병제로 바뀌었다. 전차전은 보병기마 전으로 변했다. 조용조제도는 양세로 바뀌었다. 귀여歸餘는 활윤活 閏으로 바뀌었다. 전주篆籒는 예해隸楷로 바뀌었다. 죽백竹帛은 조판 雕版으로 바뀌었다. 변두籩豆는 도기로 바뀌었다. 속포粟布는 은전銀 錢으로 바뀌었다. 그 어느 하나라도 삼대 동안 지속되었나?

역대의 제도개혁 사례 중 가장 두드러진 것은 다음 네 가지이다. 조趙나라 무령왕은 방법을 바꾸어서 말을 탄 채 활을 타는 법을 익 혀서 조나라 변방의 국방을 튼튼히 했다. 북위의 효문제는 방법을 바꾸어 문명을 숭상했기 때문에 위나라 정치가 안정되었다. 이것은 변화를 통해 이루어진 일들이다.(무령왕이 중도에 물러난 것은 천민 출신의 공신 때문이고 위나라가 오래가지 못한 것은 자손이 변변치 못했기 때문이다. 이들은 모두 변법과는 무관하다.) 상앙이 법도를 바꾸어서 효제 인의를 폐기하자 진나라는 선도적으로 강국이 되었지만 나중에는 멸망했다. 왕안석은 변법을 시행하고 백성을 착취하는 데 골몰해서 송나라는 극도로 혼란스러워졌다. 이들은 변화를 통해 일을 그르친 경우이다. 상앙과 왕안석의 실패는 잔혹했고 백성들을 수탈했기 때문에 변할 수 없는 것이 아니며 그 법은 법이라 할 수 없다.(서양의 법은 처벌을 줄이고 백성을 부양하는 것을 최우선으로 삼고 있다.)

청조의 사례에서 살펴보자. 관외關外에서는 기병과 사수를 활용하였고 삼번三藩을 진압할 때는 남회인南懷仁(Ferdinand Verbiest, 1623~1688, 벨기에 태생 예수회 선교사)의 대포를 사용했다. 건륭 중엽에는 과거의 표表, 판判 시험을 오책五策으로 개선했고 연공 이외에 우공優貢과 발공撥貢을 추가했다. 가경 이후에는 녹영 이외에 의용대 모집을 시작했다. 함풍 시절에는 군사가 흥성한 후에 관세 외에 리금을 거두어들였다. 동치 이후에는 장강에 수병을 두었고 신강과 길림은 군현으로 개편했다. 이처럼 개정한 내역이 많다. 그리고 윤선輪船과 전선電線은 처음 만들 당시 비난의견이 거셌으나 이때 만약 그것을 그만두려 했으면 어깨를 겨루고 싸우지 않았겠는가?

오늘날 변법을 반대하는 사람들은 대략 세 등급으로 나뉜다. 첫째, 고리타분하고 어리석은 구학사들이다. 고리타분함의 폐단을 쉽게 알 수 있다. 둘째, 구차하게 안정된 생을 영위하는 속된 관리들이다. 보통 제도개혁을 하려면 고심해야 하고 자금을 모으고 사람을 고르고 일을 분담해야 한다. 그 외에 어리석고 게으르며 일시적인 안일만을 추구하고 사사로운 감정에 사로잡히고 기교만 부리는 사사로운 계략들은 모두 적절하지 않다. 그래서 서생들의 고루한 말들만을 가져다가 교활한 관리가 안일만을 탐하는 잔꾀만을 부리니 이것이 그들의 숨은 사정이다. 중국식의 학술과 통치를 묻는다면 모두 흐트러진 자세로 속이려고만 들며 하는 것은 아무것도 없다. 이 수구라는 것은 믿을 만한 것이겠는가? 셋째, 가혹한 요구를 말하는 사람들이다. 최근 서양식을 모방하지만 별 효과를 보지 못하는 사람들이 실로 이런 경우이다. 그 원인은 네 가지가 있다. 첫 번째로는 사람들이 사사로운 이익만을 따지는 것이다. 따라서 자기 할 일에만 그치고 전체의 범위로까지는 나아가지 않는다. 각 제조국과 서양으로 파견된 이들이 그들이다. 이들의 병폐는 그 방식의 병폐가 아니다. 두 번째는 경비를 아끼는 것이다. 따라서 재정이 모자라서 일을 훌륭히 치를 수 없다. 선박정책이 그것이다. 이때의 병은 그 방식의 병폐가 아니다. 세 번째는 조정에 정해진 방침이 없다는 것이다. 따라서 하다가 멈추기를 반복하여 효과가 없다. 학생을 외국으로 내보내는 것, 수도 관리들을 외부에 주재시키는 것이 이 경우이다. 이는 실속없이 말하는 병폐고 그 방식의 병폐가 아니다. 네 번째는 도구는 있으나 사람은 없는 것이다. 교육된 기술자가 없는데 도구를 사들이는 것, 교육된 함장이 없는데 함정을 사들이는 것, 해군, 각 분야의 제조국이 이에 속한다. 이는 앞뒤의 질서를 잡지 못한 병폐이며 그 방식의 병폐가 아니다. 이 때문에 국局 밖에는 이런 말이 떠돈다. 국시가 정해지지 않고, 인력활용이 적합하지 않고 책임소재가 불분명하고 경비가 불충분하고 추진할 힘이 없는 상황에서 원인을 찾지 않은 채 결점을 들추고 결과만을 책망하니 총탄만 보고 올빼미 구이를 찾고, 알을 보고 닭을 구하는 경우보다 정도가 훨씬 심각하다. 학당이 막 건립되고 있는데 그 교육의 성과를 책망하고, 광산이 개발되지도 않았는데 수익이 적다고 책망한다. 일에 정해진 기준이 없고 사람에게는 정해진 뜻이 없다. 일이 빠르면 건드리지 않는 일이 없고 일이 느리면 그만두지 않는 일이 없다. 한번 묻고 다시 파내는데 성공을 할 수 있겠는가? 그래도 나는 유가의 주장으로 그것을 절충한 적이 있다. 여백공呂伯恭은 "거칠고 무책임하게 공부를 하면 했다가 그만두어 좋지 않은 부분을 바꿀 수가 없다."라고 했다. 이것은 제도는 개혁하지만 실효는 없는 처방이다. 증자는 항상 "공자와 맹자 두 분도 닥치게 되는 시기나 변화에 따라서 그 시기의 법을 선왕의 뜻에 어긋나지 않게 한다. 법이란 적절한 변화의 근거이므로 모두가 같아야만 할 필요가 없다. 도는 근본 확립의 근거이므로 하나가 아닐 수 없다."라고 했다. 이것은 변법으로 도를 어그러뜨리는 경우에 대한 처방이다. 여백공의 말에 따르면 변화에는 노력이 있어야 하고 증자의 말에 따르며 변화에는 폐단이 없어야 한다. 이치의 근본[道本]이란 삼강三綱과 사유四維(예의염치禮義廉恥)이다. 이것들을 모두 버린다면 법이 행해질 수가 없고 큰 혼란만이 있을 것이다. 이것들을 잘

지키고 잃지 않는다면 공자와 맹자가 다시 살아 돌아와도 변법이
잘못되었다고 말할 수가 있겠는가?

8장

과거제도 개혁
變科擧

주자가 당시의 논자를 평가하며 이렇게 말한 적이 있다. "조정이
회복하려면 반드시 30년간 이어져 내려온 과거를 폐지해야 한다."
이는 참 맞는 말이다! 중국의 벼슬아치들은 과거를 통해 배출된다.
다른 길도 있지만 좋은 자리에 앉거나 권세를 누리려면 과거를 거
쳐야 한다. 명나라부터 지금까지 과거는 500년이 넘게 실시되었다.
형식이 우월하면 실질이 쇠퇴하고 법이 오래되면 폐단이 발생한다.
과거를 관장하는 주사主司가 편하고자 형편없는 것을 숨기고 과거
를 보는 이가 실력이 없는데 행운을 바라기 때문에 3차 시험이 실
질적으로 1차에 그치는 폐단이 생긴다.(전효정錢曉徵의 말) 경서 위
공백에 써놓은 경문 해설이나 이해하고 골목에서 우수답안으로 뽑
아놓은 글이나 읽으니 경전의 본래 의미나 옛 학자들의 주장은 거
의 알 수 없다. 최근 몇십 년 동안 문체는 날이 갈수록 가벼운 말로
세워지고 있으며 고금을 함께 알지 못하고 세상 운영(경세제민經濟)
을 진지하게 대하지 않을 뿐 아니라 소위 팔고문의 고착화된 글쓰

기까지 더해져 글이 망가지고 있다. 오늘날 상황은 갈수록 새로워져서 과거에 응시하는 자들이 융통성 없고 우둔한 정도가 아주 심하다. 그들은 태연하게도 "내가 공부한 것은 공맹의 핵심이자 요순의 치세법이다."라고 말한다. 시무경제時務經濟라는 화제에 닥치면 그것을 경시하거나 배격하여 자신의 단점을 감춘다. 그래서 인재가 갈수록 부족해지고 나라를 위기에서 구해내고 치욕을 막아낼 수 있는 사람이 없다. 이 때문에 황제의 조서로 학당을 설치해서 시무에 밝은 인재를 길러내고 특과를 설치해서 그들을 발굴하는 것이다. 학당은 설립되었지만 일자리를 잡을 통로가 없어서 사람들이 선뜻 공부하려 하지 않는다. 공부하러 온 사람들은 평민 출신의 능력 없는 사람, 자질이 평균 이하인 사람들이거나 팔고문을 쓸 줄 모르는 사람들이다. 명문가의 훌륭한 재목들은 모조리 아직도 과거를 볼 생각만을 하고 있다. 특과를 신설했지만 시험은 2년에 한 번씩 실시되어 간격이 너무 기니 어떻게 앉아서 기다릴 수 있는가? 그래서 여전히 팔비八比·시부詩賦·소해小楷를 공부할 뿐이다. 시대를 구원하는 재목은 어디서 얻을 수 있을까? 그런데 제齊나라 사람들은 질 낮은 자주색 옷을 입고 진晉나라 사람들은 짚신을 끌고 다녔다. 조趙나라는 문왕文王이 칼을 좋아해서 사람들이 전투로 죽었고 월越나라는 구천이 곧잘 싸워서 사람들이 불타는 배에서 죽었다. 모두가 윗사람들이 선호하는 것을 따른 사례들이다. 양한兩漢 시대의 경학은 실질적으로 그들의 관직 진출을 좌지우지했다. 향시鄕試와 회시會試는 여전히 팔고에서 결판 났고 수도의 중앙 관리는 여전히 소해에서 우수한 자를 뽑았다. 자리 배정은 오직 여기에 달려 있었다. 그래서 날마다 나라 사람들에게 호소하고 거듭 타이르며 기약 없는 재난이 올 것이라고 경고하고 시무를 알고 재능 있는 사람을 찾으라고 위급한 상황을 구제하라고 깨우쳐주어도 조정이나 민간이나 할 것 없이 사리분별을 못하기가 전보다 나아진 것이 없고 수준이 낮은 것이 예전과 다름이 없다. 따라서 시대를 구원하는 것은 변법에서 시작해야만 하고 변법은 과거제의 개선에서 시작해야만 한다.

어떤 이는 "과거제도를 개선하고 팔고문을 폐기한다면 사람들이 사서오경을 읽지 않을 텐데 그래도 되는가?"라고 말한다. 이에 『학교공거사의學校貢舉私議』를 제시하는 사람은 이렇게 말한다. "과거제도를 개정하는 것은 사서를 버리는 것이 아니다. 팔고문만을 중시하지 않고 시부詩賦와 소해小楷를 중요시하지 않음을 말하는 것이다." 나는 지금의 과거제도는 큰 틀은 보존하고 약간의 수정을 가해야 한다고 생각한다. 옛날에 구양문충歐陽文忠은 지간원知諫院을 지낼 때 과거응시자가 문장 수준이 낮은 데다 베껴쓰기를 일삼고 전혀 사리분별을 못 하는 폐단을 혐오했다. 이에 상소를 올려 3차로 시험을 나누어 보고, 고사장마다 사람을 걸러내는 방법으로 제도를 바꾸자고 건의했다. 즉 각 차에서 일정 인원을 선발하고 탈락시키며 첫 번째 시험의 합격자는 두 번째 시험에 응시하고 두 번째 시험 합격자는 세 번째 시험에 응시토록 하자고 말했다. 그 의도는 "문장 수준이 낮고 오류가 많은 이를 점진적으로 먼저 탈락시키고 사람이 적어져서 시험 진행이 쉬워서 힘들어 쓰러지는 일이 없으며 사리분별을 전혀 못하는 사람들이 합격할 길이 없을 것"이었다. 이 말은 오늘날의 상황과 아주 맞다. 구양수는 책론策論으로 시부詩賦를 대체하기를 바랐다. 이는 오늘날 중학경제와 서학경제로 팔고를 대체하려는 것과 유사하다. 지금은 대체로 그 취지를 따라서 현재의 3차의 앞뒤 순서를 서로 바꾸고 순차적으로 선발하여 대개 부와 현에서 2차 시험을 치르는 것과 유사하다. 1차 시험에서는 중국의 역사, 청조의 정치론 5도道를 치르며 중학경제라 한다. 만약 한 성에서 80명이 선발인원이면 800명을 시험 보게 하고 40명이 선발인원이면 400명을 응시하게 하여 대체로 10배수를 시험에 응시토록 한다. 선발 결과를 발표한 후에 불합격자는 돌아가고 합격자는 2차 시험을 준비한다. 2차 시험은 시무책 5도를 가지고 오 대륙 각 나라의 정사, 전문적 기술을 문제로 낸다. 정사로는 지리, 관제, 학교, 재부, 병제, 상무 등이며 예로는 격치, 제조, 성, 광, 화전 등이다. 이것이 서학경제이다. 이 시험에서는 서양의 것을 이해하지만 문장이 조리가 없고 괴상하고 제멋대로이며 성현의 교리를 현저히 어그러뜨리는 자는 통과시키지 않는다. 선발인원이 80명이면 240명을 시험에 응시토록 하고 40명이면 120명을 응시토록하여 대체로 3배수를 시험에 응시하게 한다. 선발결과를 발표한 후 합격하지 못한 사람은 돌아가고 합격한 사람은 3차 시험을 준비한다. 3차 시험은 사서 문장 2편과 오경 문장 1편을 본다. 사서의 문제에서는 섬세하고 정교하게는 내지 않는다. 3차 시험에 통과한 사람은 모두 우수한 사람일 것이며 시험에 합격한 인원대로 발표한다. 이렇게 되면 2차 시험까지 진출한 사람은 고금을 두루 알고 있으며 내정을 잘 아는 사람일 것이다. 그러나 나라 안의 일만 잘하고 외부적인 일은 잘하지 못할까 염려해서 다시 서양의 제도와 서양의 기술로 시험을 본 것이다. 3차 시험까지 진출한 사람은 반드시 시무에 밝고 신학을 잘 아는 사람일 것이다. 그러나 그의 공부가 넓고 재능도 훌륭하나 이해가 순수하지 못하고 아직 바르게 가다듬어져 있지 않을까 염려해서 사서와 오경의 문장으로 시험을 본 것이다. 이 3차에 걸친 시험에서 우수하게 시험에 합격한 사람은 반드시 성현을 뒤따르고, 도리에 대한 견해에 결점이 없는 사람일 것이다. 요약하면 1차 시험에서 학식이 많은 사람을 뽑고 2차 시험에서는 학식이 많은 사람 중 재능이 있는 사람을 뽑고 3차 시험에서는 재능 있는 사람 중에 불순하지 않는 사람을 뽑는 것이다. 많은 무리 중에 간추리고 정제되지 않은 무리를 정제하면 어리석거나 천박한 사람은 남지 않을 것이고 삐딱하거나 그릇된 폐단도 없을 것이다. 3차 시험은 각각 의미가 있다. 비교하자면 1차 시험에 편중하면 얻는 것이 많다. 그리고 차수를 나누어서 선발하면 실력이 낮은 사람은 먼저 돌아가고 2, 3차 때의 답안지 수는 계속 줄어들어서 교열도 쉬울 것이다. 가난한 서생에게는 오래 매여 있는 고통이 없고 정서하는 사람은 답안지가 많아서 잘못을 저지르는 폐단이 없으며 시험을 주관하는 사람은 형편없는 것에 걸려 넘어질까 걱정할 일이 없을 것이다. 한 번에 세 가지 좋은 점을 얻고 인재는 분명 많아질 것이다. 그리고 우수한 사람을 마지막 시험까지 응시하도록 하는 것에 역점을 두었다. 부와 현의 시험에서 마지막에 남는 사람을 선발하는 경우와 유사하고 더욱이 사서오경의 권위를 세우지 않았는가?

과거에는 생원이 가장 첫 단계이다. 학정은 세와 과 둘로 나누어 생원生員과 동생童生 시험을 치르며 둘 다 하나의 예에서 추론할 수 있다. 세와 과에서는 선례의 고찰과 경전의 실험으로 한 번의 시험을 치른다. 즉 사론史論과 시무책 두 과목으로 문제를 내는 것이다. 생원 세를 치를 때는 사서문 하나와 경문 하나를 연결한다. 생원 과를 치를 때는 사서문 하나와 시책 하나를 잇고 추가로 시대상황을 조망하고 선례를 고찰하여 경문을 고침으로써 무분별하게 경문을 가져오는 폐단을 방지한다. 동생 시험은 모두 생원의 경우를 따르고 정장의 두 번째에 사서문장을 경문으로 바꾼 것만 다르다. 일반적으로 생원과 동생 시험에 고전문장이 시험범위인 것은 현재 앞으로 시행하려고 하는 과거제도와 유사하다. 지난 20년 동안 산학 한 과목을 첨가했고 현명하게 힘들이지 않고 다스리는 것이다.

비난하는 자는 이렇게 말한다. "주관자가 신학문을 다 통달하지 않게 되면 어떻게 하는가?" 답하자면 "응시는 어렵고 시험관리는 쉽다." 최근 상하이에서 출간된 중국과 외국의 제도, 기술 분야의 서적은 20종이 넘는다. 과거시험장에 조서調書가 준비되어 있고 그 책에 따라서 답안지를 검토하는데 어려운 것이 어디 있다는 말인가? 그리고 학교에는 시무에 밝은 사람이 아주 많아서 시험주관을 총괄하면서 채점을 관장하는데 무슨 어려움이 있는가? 외성外省에서 시험을 주관하는 학정의 경우는 연륜이 아주 많아서 조지詔旨가 하달되면 3년 동안 공을 들여 시무를 연구해서 알아서 충분히 문장과 재능을 평가하면 충분하다. 향시와 회시 이외에 전시殿試의 임헌臨軒과 발책發策이 전례典禮가 매우 엄격해서 임의로 실행을 안 할 수는 없다. 그러나 그에 따라서 관직 수여의 차등을 정할 수 있으며 조정보고는 생략할 수 있는 것으로 보인다. 진사로 처음 급제한 후에는 한원翰苑, 부조部曹를 막론하고 모든 관직에서 정치적 소양 함양을 중심에 놓아야 한다. 문예와 소해에 관한 평가 작업은 잠시 멈추고 해당 부문의 시험에 응시할 때만 조절할 수 있다. 즉 관직을 이미 얻은 사람에게는 하찮은 작은 기술을 가지고 늙어 죽도록 힘들게 해서는 안 된다.

비난하는 자가 이렇게 말한다. "이 조정의 명신은 과거에서 배출된 사람이 많은데 어찌 팔고문이 무익하다고 보는가?" 등용의 길을 하나에만 한정하면 영웅을 한 손밖에 쥘 수 있음을 몰라서 하는 말이다. 인재는 팔고문을 사용할 수도 있고 팔고문을 충분히 사용하지 않아도 인재를 얻을 수 있다. 그리고 여러 명신들의 학식과 경력은 모두 진사로 처음 급제한 다음부터 관직에서 활약할 수 있었다. 따라서 중년 이전에는 신경과 힘을 과거 응시에 쏟았던 경우가 적지 않았다. 만약 시험에서 팔고와 시부에만 매달리지 않는다면 동량이 될 수 있는 신하와 나라를 지키는 무관이 더 많아지지 않겠는가?

내가 논한 목적은 시세를 구원하는 것이며 방안은 시행하기 쉬운 것이다. 특과特科와 세거歲擧를 통해 국정[經濟]을 공부하게 하자는 주장을 명확히 밝혔고 그것을 구체적으로 해설했다. 이 지면을 통해 나의 의견을 제시하고 주자가 과거의 폐단을 논한 글과 구양수가 구상한 3단계 시험을 통한 선발제도에 관한 상소를 아래에 간추려 놓는다. 이들 내용을 통해 칠팔백 년 전의 현인과 군자가 나라 재목의 부진을 걱정하고, 관리 선발의 무원칙과 대책을 질책하면서 내놓은 구상을 알 수 있을 것이다. 모름지기 오늘날의 사대부들이 깨닫는 바가 있어야 한다.

『동숙독서기東塾讀書記』에 인용된 과거에 대한 주자의 논설

주자는 남송시기 과거의 폐단을 아주 많이 논했다. 그 표현 또한 매우 명쾌하다. 여기에 일부를 간략히 소개한다.

『형주석고서원기衡州石鼓書院記』: "오늘날 학교의 과거를 대비한 교육은 그 폐단을 이루 다 말할 수 없으며 매우 적절치 못하다. 그러나 그 상황을 고칠 수가 없다.

『학교공거사의學校貢擧私議』"명분상으로는 경서를 익힌다고 하나 실질상으로는 경학의 적이다. 작문이라고 말은 하지만 실질적으로는 문자의 요사함을 추구한다. 시험관은 문제를 참 신기하게 내서 응시자가 뜻하지 않은 것을 요구한다. 끊어야 할 곳에서는 이어놓고 이어야 할 곳은 끊어놓아서 경학의 적 중의 적이며 문자의 요사함 중의 요사함이다."

"괴상하고 터무니없어 학자의 마음가짐을 흩뜨리기에 딱 좋다. 이 때문에 인재가 날로 줄어들고 풍속이 갈수록 천박해지는 것이다."

『어류』"오늘날 사람들의 문자에는 기개가 전혀 없다. 이 시절부터 숭상한 것이 이와 같았다. 사람들은 학문을 모르고 근본은 전혀 없고 남에 이끌려서 움직인다. 만약 지금 어떤 일을 한다면 하나를 하거나 하나를 배울 때 시간을 아끼지 않고 온 세상을 두루 살피는 사람이 본래 어떤 일을 합당하게 이해하는데 이를 전혀 이해 못하니 그야말로 애석하다."(권139)

"팔고문의 폐단이 이미 극에 달했다. 날로 약해지고 날로 교활하고 좁아지니 장차 이 선비들의 기지는 모두 깎여나가 사라질 것이다. 굳이 이전을 말할 것 없이 선화 말기에 삼사법 시행이 중지되었다. 학교에는 무수한 인재들이 있는데 호방형胡邦衡과 같은 자들이 그들이다. 이들은 기백이 아주 강하다! 그들의 글은 아주 호방하다! 당시에도 자체적으로 사람들을 키우고 있었다. 소흥으로 천도한 초기에도 자체적으로 인재를 보유하고 있었다. 그 시절의 선비들이 지은 문장은 아주 거칠며 더욱이 세세하고 유약한 모습은 보이지 않는다. 그래서 기개와 도량을 길러낸다. 오늘날은 쇠퇴하는 기운만이 보인다."(권109)

"가장 걱정되는 것은 수재들의 글이 좋지 않으며 이것이 큰 난관

이며 세상의 변고라고 말하지 않는 것이다."(권109)

"오늘날 과거의 폐단에 손을 댈 수 있다면, 그 방법은 무엇인가?"
"반드시 다른 과목을 겸해서 사람을 뽑도록 고쳐야 한다."(권109)

"오늘날의 학교는 마사麻沙 때부터 팔고문에 관한 책 이외에 다른 것은 공부한 적이 없다." "다른 것을 탓할 것이 아니라 위에서 가르치는 까닭이 이에 머물 뿐이다. 그러나 윗사람은 생각해본 적도 없고 팔고문 하나에도 배우는 사람 자신에게는 시급한 일이었다. 왜 또 당신에게 가르치라고 하겠나? 당신이 학교를 세우면 그들이 본분을 잘 깨달을 수 있도록 잘 가르쳐야 한다."(권109)

이 또한 주자가 당시의 풍토 속의 폐단을 교정하고자 한 것이며 주자에게 오늘날 과거에서 팔고문으로 시험을 치르는 것을 보여준다면 또 어떻게 생각할지 모르겠다.

구양공이 공거사건 개선을 논한 편지(경력慶歷 4년, 1044년) 발췌

제가 보기에 공거(추천)제도는 실시한 지 오래되었으니 변경함이 마땅한 이치인 것 같습니다. 잘못을 개선하는 이유를 먼저 알아야만 변법의 효과를 얻을 수 있을 것입니다. 시부를 우선시하는 것이 과거응시자의 폐단임을 알면 마땅히 책론을 중시해야 합니다.(구양공 때는 시부만을 중시하지 말자는 말은 오늘날 팔고만을 중시하지 말자는 말과 취지가 같다.)

『문헌통고』가 번잡하고 많은 것이 유사有司의 폐단임을 알면 경우에 따라 선별해야 합니다. 그런 뒤에 배우는 이가 마구 들어오지 않고 시험응시자들이 힘들어하지 않도록 할 수 있습니다. 그 기한을 늘려 먼저 책론으로 시험을 보아서 문장이 조악한 자, 글의 앞뒤가 안 맞고 논지가 혼란스러운 자, 문제를 이해 못하는 자, 전고를 몰라서 빼먹거나 질문에 답하지 못한 자, 사례를 잘못 인용한 자, 글을 쓸 줄은 아나 이해가 올바르지 않은 자, 구식 형태를 쓰며 격식을 따지지 않는 자 등 이들 일곱 부류를 먼저 탈락시키면 2000명 중 500~600명은 탈락할 것이라 생각됩니다. 통과한 사람들을 대상으로 2차 시험을 준비하고 전과 같은 방법으로 시험을 본다면 다시 200~300명을 걸러낼 것입니다. 여기서도 통과해서 시부시험을 보는 사람은 1000명이 못 됩니다. 천 명 중 500명을 뽑으면 사람이 적어서 시험 진행도 쉽고 힘도 많이 들지 않습니다. 시험이 적절히 시행되니 아주 좋습니다. 설령 시험이 완벽에 가깝지는 않더라도 너무 부실하지는 않을 것입니다. 구절을 베끼거나 표절하는 사람은 이 방법을 통해서 탈락시키게 됩니다. 시부시험을 볼 차례가 되면 모두가 책론 과정을 거쳤고, 어느 정도 공부했으며, 이해가 그르지 않은 사람입니다. 시부가 능숙하지 않더라도 선발될 수 있습니다. 이렇게 된다면 어려서 배우기 시작했거나 사리에 어두운 사람들은 관리가 되지 못할 것입니다.

9장

농공상학
農工商學

돌밭이 천리면 땅이 없다고 한다. 어리석은 백성이 백만 명이면 백성이 없다고 한다.(『한시외전韓詩外傳』) 농공상 분야의 학문을 중시하지 않으면 중국 땅이 아무리 넓고 백성들이 아무리 많다고 해도 땅만 넓고 사람만 많다는 비웃음에서 영원히 벗어나지 못할 것이다.

농학을 권장하는 이유는 왜인가? "화학을 중시하는 것이다." 곡식 재배 이외에도 조림과 과실수 심기, 가축을 기르고 물고기를 기르는 것이 모두 농학에 속한다. 인구가 늘고 모든 재화가 비싸면 오곡만을 심어서 그 소득은 인구를 부양하기엔 모자라다. 따라서 옛날의 농업은 나태함을 걱정했고 오늘날의 농업은 서투름을 걱정한다. 나태함이란 사람이 힘이 남는 것으로 하나나 둘 정도가 남는다. 서투름이란 땅에 소득할 것을 남겨두는 것으로 남아 있는 것이 7에서 8이다. 땅에서 얻을 수 있는 수확을 다 거두려면 화학에 눈을 돌리는 것으로 시작해야 한다. 『주례』의 "초인草人은 토지를 개량하는 방법을 담당한다."는 바로 옛날에 농가를 의미하는 말이다. 땅을 기름지게 하고 곡식의 품종 판별, 비료 저장, 못 유지, 태양광 흡수 등에 화학이 필요하지 않은 것이 없다. 또한 농기구를 정교하게 만들어야 한다. 물 끌어오기, 살충, 밭갈기, 맷돌 갈기 등은 풍력이나 수력을 쓰고 각각 새로운 방법과 좋은 기구가 있어서 힘을 아끼고 배로 거둘 수 있고 기계학도 겸한다. 서양인은 땅 1무를 잘 일구면 세 사람을 부양할 수 있다. 만약 중국에서 1무에서 생산되는 것으로 한 사람을 부양할 수 있다고 해도 아주 부유할 것이다. 그러나 화학은 농부가 이해할 수 있는 것이 아니라 기계는 농가에서 해낼 수 있는 것이 아니라 농업학당을 설립해야만 한다. 다른 현의 사인士人들이 각각 그 지방의 생산물을 돌아보고 그것을 학당에 알리면 학당에서는 그것으로 새로운 방법과 도구 개발에 매진한다. 그리고 현의 유지들이 희망하고 부유한 집에 땅이 많다며 실험을 하면서 앞장선다. 한 일에 효과가 있으면 백성들은 알아서 그를 따른다.(상해 『농학보』에는 서양서를 많이 골라놓았는데 새로운 이치와 방법이 아주 많이 수록되어 있다. 농경에 뜻이 있는 사람은 그것을 읽어보아야 한다.)

예전에 영국은 차 공급을 중국에 기대는 것을 싫어했다. 인도 실론은 차재배를 연구해서 아주 세밀한 곳까지 파고들어 갔다. 인도 차가 성행하자 차시장이 날로 침체되었고 판로도 러시아 상인에만 기대고 있었다. 러시아의 상인들이 판 것이 열 중 여덟이라면 영국과 미국 상인들이 판 것은 열 중 하나나 둘 정도다. 녹차에는 한 성분이 함유되어 있는데 떫기도 하고 향기롭기도 하다. 서양사람들은 그것을 '탄닌'이라고 부른다. 인도차는 탄닌이 중국차보다 적다. 그래서 러시아에서는 아직 중국차 마시기를 좋아한다. 다시 몇 년 후 인도차의 품질이 계속 좋아진다면 중국차에는 아무도 관심을 갖지 않을 것 같다. 이것은 차 재배 농가가 차를 심기만 하고 기르지 않았으며 싹을 일찍 따지 않고, 차 판매상이 기계를 쓰지 않았고 아무렇게나 말려서 생기는 문제다.(광서 20년에 호북과 호남 두 성이 힘을 합쳐 공금으로 차 320상자를 사서 러시아 상선에 싣고 러시아 국경으로 운반한 후 직접 판매했다. 서쪽으로는 수로를 통해 오데사에 팔았는데 사신으로 가는 허대신(허경징許景澄)에게 러시아 행상에 판매를 맡기도록 했다. 동쪽으로는 육로를 이용해서 카흐타에 팔았는데 러시아 상인 바빌로프餘威羅福(?)에게 대리 판매를 맡겼다. 찻값, 운송비, 관세 말고도 서쪽 판로에서는 1%의 수수료을 떼었고 동쪽 판로에서는 5%의 수수료를 떼었다. 만약 우리에게 회사가 있어서 그곳에 둔다면 이익이 더 많이 남을 것을 알 수 있다.)

명주실로 얻는 이익은 차보다 많다. 십년 전에는 서양의 나라들 중 중국의 명주실 쓰는 나라가 열에 여섯이었다. 최근 삼년간에는 일본산의 판매량이 열에 여섯이었고 이탈리아산이 열에 셋, 중국산이 열에 하나가 되었다. 원가가 높으면 가격은 낮출 수가 없고 가격이 높으면 판매는 더욱 어렵다. 이는 양잠업자가 병충에 신경을 쓰지 않고 누에고치 판매자는 나쁜 누에고치를 섞어 누에고치 소모가 많아 원가가 자연히 높아지는 폐단 때문이다.

외국은 면을 마른 땅과 습한 땅에 나누어 재배한다. 긴 줄기는 습한 땅에 심고 짧은 줄기는 마른 땅에 심어 간격을 벌려서 심고 기르기 때문에 열매가 크고 통통하다.(종자는 세 알을 하나로 묶으며 긴 것은 4~5촌에 이르는데 튼튼한 것 한 뿌리만 남기고 나머지는 뽑아 버린다. 줄기 사이의 거리는 세로 3척 3촌, 가로 1척 3촌이다.) 서양 천과 서양 실은 서양산 수입품 중 가장 비중이 큰 품목이며 연간 수입액은 4000여만 냥으로 추정된다. 호북 직포국織布局을 설립하고부터 매년 한구漢口 한 곳에서 수입해 왔는데 작년에 비해서는 수입량이 14만 필이 줄었다. 특히 양사는 질이 제일 좋은 것으로 40호인 것도 있다. 하지만 중국산 면화는 털이 짧고 실이 성기다. 기계로 짜내면 16호 정도까지밖에 생산하지 못하니 서양산 천이나 실에 대적할 수 없다. 서양 면 종자를 사서 재배를 해도 풍성히 자라지 않는 경우가 많다. 이는 농부들이 소홀히 돌보고 면화를 너무 촘촘히 심으며 마른 땅과 습한 땅을 구분하지 않고 길러서 생긴 결과이다.

마는 물건 값이 싸다. 남북의 각 성에서 모두 생산하지만 밧줄이나 주머니를 짜는 용도로만 공급될 뿐이고 사천과 광동, 강서에서는 모시를 짤 수 있을 뿐이다. 서양사람의 그것을 해외로 가지고 나가서 면과 함께 타면 저포로 짜낼 수 있고 명주실과 함께 타면 주단紬緞으로 짜낼 수 있으니 그 이익은 몇 배이다. 이것은 주먹구구식으로 물에 담가서 마교를 제거하지 못하고 명주실을 짜내는 방법이 없었기 때문에 생긴 결과다. (호북지방에는 현재 제마국制麻局이 성성省城 외곽에 설립되어 서양의 방법대로 운영되고 있다. 만약 좋은 실적을 낸다면 여러 성에서 배울 수 있을 것이다.)

명주실, 차, 면, 마의 네 가지는 모두 중국 농가의 주요 생산품목이다. 현재 그 이익을 타인에게 빼앗겼거나 제품이 있어도 밖으로 내다 팔 수 없다. 아니면 자기 소유의 농작물 재배를 소홀히 하닌 아주 게으르고 어리석은 일이다.(서양인들이 배우려는 것은 벼농사 하나뿐이다.)

서양 식물학에 따르면 경작지 한 곳에 매년 한 품종씩 바꾸어가며 심는다면 토질은 바뀌지 않고 뿌리나 잎이 썩어서 다시 땅으로 들어가면 그 성분이 각자 다르고 토질개선에 도움이 된다. 7년이 1주기이며 중간에 휴지기를 두지 않아도 토지는 비옥하다. 이는 선인들이 이용했던 1년, 2년, 3년 휴경법보다 훨씬 정밀하고 깊이 있으며 실행 방법도 아주 간편하다.

공학의 핵심은 무엇인가? "기술자를 가르치는 것이다." 공업은 농업과 상업의 중추이다. 농업의 부흥과 상업의 진흥에 공업이 공헌하지 않은 것은 없다. 공학에는 두 가지 갈래가 있다. 하나는 공학자다. 기계학과 리화학을 전문적으로 연구하여 새로운 법칙을 찾아내고 새로운 방법을 만드는 일을 담당하는 일로, 식자층만이 할 수 있는 일이며 똑똑함으로 창작물을 만들어낸다 할 수 있다. 다른 하나는 기술인이다. 기계사용을 익히고 사용법을 따르며 머리로 이해할 수 있고 눈으로는 알아볼 수 있으며 손으로는 운용할 수 있는 것으로, 기교를 발휘한다 할 수 있다. 중국 각 국과 공장의 훌륭한 기술자들 중에는 기계를 잘 이해하는 사람이 많다. 그렇지만 화학이나 수학은 잘 모르기 때문에 자재가 좋지 않고 기본 원리를 알지 못하며 기계는 적절히 쓸 줄 모르고 응용도 할 줄 모른다. 그리고 기술을 꼭꼭 숨겨두어서 많은 사람들에게 전수하려고 하지 않고 독점, 매점매석, 유언비어 퍼뜨리기로 이익을 얻으려 한다. 이는 『예기』「왕제王制」편에서 말한 "기능으로 윗사람을 섬기는 사람은 사인들과 떨어져 지내는"(執技事上, 不與士齒者耳) 경우다. 현재 공학자 교육, 서양 공장에 파견학습, 공예학당 설립 등에서는 모두 사인士人들이 학생으로 모며 이들을 공학도라고 부른다. 앞으로 학업을 마치게 되면 공학인력이라 하며 그들이 기술인 교육을 하게 된다. 공장 설립을 더욱 권해야 한다. 중요한 항구마다 설립하고 본성에서 만든 물품을 여기에 놓고 서양의 상인들에게 보여주어 등급을 매기고 선호도를 조사한다. 수완이 좋은 자는 많이 팔 것이고 수완이 뒤처지는 사람은 실적이 떨어질 것이다. 이것 또한 모든 기술인에게 권하는 중요한 능력이다.

상학의 핵심은 무엇인가? "기술에 능통하게 하는 것이다." 회계와 이자 계산을 잘하는 것은 상업의 잔기술이지 상업의 근본은 아니다. 외국에서 공업과 상업 두 분야는 함께 성장했다. 공업에서 물건을 생산한 후 상업으로 그것을 운송 판매한다. 공업이 근간이고 상업은 부수물인 것이다. 이는 쉽게 알 수 있다. 상업에 정통한 사람은 판매 계획을 먼저 세우고 공업으로 생산에 들어간다. 어떠한 물건이 요긴하게 쓰일 수 있는지, 어떠한 물건이 잘 팔리는지, 어떠한 물건을 새롭게 바꿔야 하는지, 어떠한 방법으로 원가를 절감할 수 있는지, 어떠한 나라에서 어떠한 물건을 선호하는지, 어떠한 방법으로 외국과의 경쟁에서 이길 수 있는지를 먼저 따져보고 결론을 내린 후에 공학인에게 새로운 방법을 생각하고 새로운 물건을 만들어내서 경제인들이 요구하는 것을 제공해 달라고 주문한다. 여기서는 상업이 주체이며 공업은 종속체이다. 이는 아는 자가 드물다. 둘은 서로에게 이익을 주며 동그라미처럼 끝이 없다. 중국의 상업은 그 당연한 원칙을 따라야 한다. 추측으로 이익을 보기를 바라는 것은 도박에서 주사위를 던져 이기기를 바랄 때 운에만 맡기는 것과 같고, 좌판에서 팔고 남은 것을 나누는 행위는 거북 잔등에서 털을 깎는 것과 같다. 그러면 소득이 많지 않다. 물건을 산더미처럼 쌓아놓고 하루에 천금을 벌어들여도 오히려 서양 상인 좋은 일만 하는 것이다. 상인에게 권장하는 주요 사항에는 세 가지가 있다. 첫째는 상법의 번역이다. 상업은 회사가 아니면 규모가 클 수가 없고 회사는 상법이 없으면 많이 존재할 수 없다. 중국의 상인은 투자를 유치할 때 사기를 치는 경우가 있어서 관청에서 심하게 추궁하기 때문에 투자유지가 어렵다. 서양의 상법은 정밀하고 관청과 민간에서 모두 이것을 준수하기 때문에 투자유치가 쉽다. 둘째는 자치다. 최근 차 시장이 경기가 나빠졌지만 여전히 싹이 어리고 연기가 없는 것은 가격도 높고 잘 팔린다. 습기가 차서 곰팡이가 피거나 양판樣礬이 바뀌치기 된 것은 가격도 헐값이고 잘 팔리지 않는다. 자치라는 방법을 취하지 않고 본사를 설치하고 여럿을 모아서 가격을 유지하려고 한다면 서양 상인들은 따르려 하지 않을 것이고 많은 판매자들도 역시 따르지 않을 것이다. 셋째는 견학이다. 각 성에는 상회를 설치하고 상해에 총본부를 둔다. 상회마다 내부에서 몇 명을 선발해서 해외로 견학을 보내어 시장의 상황과 상품의 유행을 알아보고 수시로 전보를 통해 알림으로써 제조와 판매의 기준을 마련한다. 이 방법이 서양의 회사를 설립하는 것보다 쉬울 것이다. 학문에서 직접 체험보다 중요한 것은 없다. 각국의 입구들이 사업의 대학당이다.

대체로 농업, 공업, 상업 이 세 분야는 서로 표리를 이루며 서로 얽혀 있다. 농사가 흉작이면 공업이 병들고 공업이 둔하면 상업이 병든다. 공업과 상업이 막막하면 농업이 병든다. 세 분야가 모두 병들어 있으면 나라가 돌아갈 수 없다. 낙타와 양의 털, 닭과 오리의 깃털을 모두 쓸모없다고 버리고 말과 소의 가죽을 값싼 물건으로 취급하자 서양 상인들이 모아서 싣고 가서 물건으로 만든 후 다시 가져와 가격은 세 배가 된 경우가 그 예이다. 시멘트, 구운 벽돌, 성냥, 기름, 서양담요, 서양종이, 양초, 서양설탕, 비누, 못 등은 싸고 간단한 물건으로 많이 쓰이고 쉽게 만들 수 있는 물건이다. 이들 모두를 외국인의 공급에 의존하는데 해마다 소모되는 돈이 셀 수 없을 정도이다. 그러나 앞서 말한 모든 일들은 신사들이 중요시하고 관리들이 권장하지 않으면 안 된다. 순경은 유학의 좋은 점을 많이 제시했지만 유학은 농공상의 지식을 알 수 없다. 이 쇠퇴하는 시기에 과거시험에 출제되는 장구에만 매달린 유학에서 어떻게 도움이 될 만한 것을 찾을 수 있을까?

10장

군사학
兵學

"군인은 반드시 공부해야 한다."라는 말이 있다. 논어에는 "백성을 가르치지 않고 싸우면 이것은 포기이다."라고 말한다. 제갈충무는 "8진이 섰다. 지금부터 행군을 하면 패하지 않을 것이다."라고 말했다. 이는 군대에는 병법과 교육이 있다는 말들이다. "군대는 공부하지 않는다."라는 말도 있다. 곽거병霍去病은 "방략이 어떠한가를 돌아보고 이전의 병법을 공부하지는 않는다."고 말했다. 악무목岳武穆(악비)은 "운용의 묘는 마음에 있다."고 말했다. 이는 군대에 병법과 교육이 없음을 말한 것이다. 이 말들은 모두 성현과 명장의 말들이다. 어떤 말을 따라야 할까? 나는 네 가지 설들을 두루 활용하겠다.

군사학의 정수는 오늘날 서양에서 절정을 이루었다. 기계가 있어도 성능이 좋지 않고 성능이 좋아도 능숙하게 쓰지 못하는 것은 손이 없는 것과 마찬가지다. 작업이 능숙하지 않고 교량이 불편하고 군수품이 갖추어져 있지 않으면 불이 없는 것과 마찬가지다. 지리에 어둡고 측량을 정확하게 하지 않으며 정탐을 제대로 하지 않으면 눈과 귀가 없는 것과 마찬가지다. 손, 발, 눈, 귀가 없는 사람 천만 명을 모아 놓은들 어찌 그들을 군대라 할 수 있겠는가? 싸울 수 있는 도구를 쓰도록 가르치고 패하지 않는 법을 설명해주는 것이 반드시 선행해야 한다. 군대를 만들어 놓은 후에는 방략을 시행하고 운용을 말할 수 있다. 방략과 운용은 꼭 서양식일 필요도 또한 반드시 옛날식일 필요도 없다. 『한서』 「예문지 병가」는 권모, 형세, 음양, 기교의 네 부분으로 나뉘어 있다. 서양의 군사학은 음양을 제외한 나머지를 모두 갖추고 있다. 총포, 뇌전, 철도, 포대, 해자와 성벽, 교량은 기교에 해당하며 지도와 측량은 형세에 해당한다. 공격과 방어의 작전 수립은 중국식과 서양식이 동일하다. 무기가 정밀하고 기술이 많으며 체계가 더 짜임새가 있기 때문에 권모의 부분에서는 중국식보다 자세하다.

육군은 보병, 기마대, 포대, 공병대, 군수부대의 다섯 종류로 나눈다.(공병대와 군수부대에는 모두 보병에서도 담당할 수 있는 업무가 있다.) 한 군마다 이 분야가 모두 갖추어져 있다. 마치 사지가 다 있어야 사람이 되는 것과 같다. 공병대는 진지와 교량을 담당하고 군수부대는 무기, 약품, 농사, 식량을 담당한다. 서양의 경우는 보병부대와 포대가 가장 중요하다. 기마대는 포위공격과 정탐에만 투입된다. 공병대와 군수부대는 옛날 사람들은 조직하지 않았다. 화기가 강하거나 큰 부대와 서로 대치하거나 정탐으로부터 요충을 지키려면 진지를 파야만 했다. 참호를 빨리 파고 계곡, 강이나 진흙,

모래를 만났다면 제때에 강을 건너야 했다. 그래서 공병대를 창설했다. 요즈음은 연발총과 속사포를 쓰고 소요되는 탄약도 아주 많다.(한 번에 다섯 발이나 열 발을 장전해서 연속 발사하는 것을 연발총이라고 한다. 포는 총과 마찬가지로 탄약이 연결되어 있고 일 분에 수십 발을 발사하는 것을 속사포라고 한다.) 그리고 군수품을 준비하는 업무가 아주 많고 중요해서 군수부대를 창설했다. 수 차례로 나누어 출격하고 점진적으로 운반하기 때문에 전진해도 오용하는 일이 없고 후퇴해도 전부를 잃는 일이 없다.(『회남자』「병략훈」편에는 장군은 다섯 분야의 참모를 둔다고 말했다. 하나는 위관尉官으로 군대를 지휘한다. 하나는 후관侯官으로 정탐을 한다. 하나는 사공司空관으로서 空은 오늘날의 工이다. 따라서 공사를 맡는다. 하나는 여관輿官으로 군수부대를 맡는다. 여기에는 하나가 빠져있다. 여기서는 여관에 대해서 이렇게 말한다. "부대의 수용과 후방 엄호를 담당하고 부대의 이전이나 주둔 시 진지를 떠나지 않고 수레와 군수품이 유실되지 않도록 관리하는 것이 여관의 책무다. 지난 요동전투에서는 이 부대가 없어서 많은 곤란을 겪었다.")

　전쟁준비를 잘하려면 다음의 세 가지를 해야 한다. 첫째, 싸우기 전에 미리 지도를 그린다.(적국과 전쟁을 하려면 1~2년 전에 미리 상세히 적국의 지도를 그려야 한다.) 둘째, 기마대가 충분히 정탐을 한다.(정탐할 때는 기마대를 넷으로 나누어서 출발시키고 여러 번 돌아와서 보고한다.) 셋째, 전방에 군의를 둔다.(진영의 후방에 있더라도 약품은 잘 갖춘다. 서양 군대에는 군악대가 있어서 군대의 사기를 진작시킨다. 현재는 잠시 보류한다.)

군인에게 좋은 대우를 해주려면 다음 네 가지를 이행해야 한다. 첫째, 급료를 후하게 준다. 둘째, 장군에게는 급료를 주지 않고 별도의 관직을 맡긴다. 셋째, 군대 자체에서는 취사를 하지 않고 관에서 공급해 준다. 넷째, 전장에서 죽은 자는 그 가족의 생활을 평생 보장한다.

군인을 양성하는 교육에는 학당 교육, 연병장 교육, 야외 교육 세 가지가 있다. 학당에서는 무기 사용법, 지리 측량과 지도 그리기, 방어법, 전쟁사 등을 가르친다. 연병장에서는 체조, 제식, 화기 등을 익힌다. 야외에서는 부대의 집산, 공격과 방어, 정탐을 익힌다.(언덕, 계곡, 평지에서도 대치 상황을 만든다. 지휘자가 지휘하는데 정해진 형식은 없으며 학교에서 오래된 진영만을 연습하는 것으로만 멈추지 않는다.)

장군은 부장에게 병기兵棋와 전도戰圖를 가르친다. 병기는 지도를 놓고 산수, 길, 숲, 촌락 등을 상세히 그리고 목기에 기마부대와 보병부대를 그려넣고 장교가 돌아가며 앉아서 각자 자신의 의견을 내놓으면서 공격과 방어전술을 의논한다. 전도는 서양에서 전래된 큰 전투에 관한 그림을 그려 그 승패의 원인을 유추한다.

교육의 기간에는 세 종류가 있다. 병兵 교육은 연병장 교육으로만 제한하며 뒤처진 자는 1년, 빠른 자는 6개월 동안 교육한다. 변弁 교육에는 학당 교육이 있다.(녹영의 파총把摠, 외위外委 정원 외 용영勇營의 초관哨官, 초장哨長은 모두 변이다) 보병과 군수부대는 14개월, 기마부대는 16개월 포병대와 공병대는 18개월 동안 교육하며 모두 수영隨營훈련을 한다.(14세 이전에는 소학당에 들어가 있는데 여기에는 산

입하지 않는다.) 장관將官 교육은 학당 5년 수영 훈련을 2년 동안 진행한다.(녹영 천총千摠에서 부장副將까지 용영 관대管帶에서 분통分統까지 모두 관이고 그 이하는 변弁이다. 그 경계는 아주 엄격하다.) 대장 교육은 학당 교육 5년, 수영훈련 2년을 마치고 다시 대학당 들어가 2년 교육한다.(제진提鎭과 대통령大統領이 대장이다.) 장관이 되면 관직에 올랐지만 교육을 멈추지 않고 본관本管의 장령將領에게서 교육을 받는다. 대장의 지위에 올라야만 더 이상 교육을 받지 않는다. 학당 입학 최소 연력은 20세. 요컨대 병사교육은 간략히 하고 간부 교육은 심도 있게 하는 것이 교육의 요지이다. 장에서 변까지는 책을 읽지 않는 사람이 없다. 변에서 병까지는 글자를 모르는 사람이 없으며 일반적으로 누구나 산수, 체조, 지도 해독을 할 수 있다.

해군은 관륜管輪과 가사駕駛 둘로 나뉜다. 관륜은 바퀴 달린 것의 측량을 담당하고 가사는 총포 공격을 담당한다. 먼저 학당에서 대략 5년간 교육한 후 조선소에서 2년을 교육하고 각국의 항구를 견학하고 바람과 파도를 경험하고 바닷길을 측정하며 전쟁기록을 보는 데 약 3년이 걸린다. 이들의 교육은 육군 교육보다 더 전문적이다.(장령 이외에 군사와 관련된 가장 중요한 관직에는 둘이 있다. 그중 한 사람은 참모관으로서 작전 수립, 지형 파악, 적 정보 수집 등을 담당한다. 군주의 참모로는 송나라의 추밀원, 명나라의 본병本兵을 예로 들 수 있고 장수의 참모는 오늘날의 영무처營務處 정도를 들 수 있다. 또 다른 중요한 분야는 회계로서 군대의 병기, 의복, 식량, 교통수단 등 군수물자를 담당한다. 차를 이용해 운반하는 물자의 종류와 한 대당 수송량, 말을 이용해 운반하는 물자의 종류의 말 한 필당 수송량, 마차를 이용해 운반하는 물자의 종류의 마차 한 대당 수송량 등을 모두 평소에 가늠해놓는다. 오늘날의 양대糧臺가 이런 일을 한다. 두 분야의 담당자는 모두 학당에서 길러내며 참모가 더욱 중요하다. 오늘날에는 영무처, 양대가 있지만 이 업무를 위한 교육은 없다.)

병사는 세 등급으로 나뉜다. 병영에 있는 사람은 상비군이다. 그들은 3년간 군사훈련을 받는다. 군사훈련을 마치면 본래 살던 곳으로 보내지는데 이들은 예비군이라 부르며 월급을 주지 않고 매년 한 번 소집하여(점검한 후) 상을 수여한다. 그 후 다시 3년이 지나면 후비군이 된다. 큰 전쟁이 있는데 상비군의 수가 부족하면 예비군이 보충한다. 대개 매년 상비군에서 예비군으로 전역하는 자는 삼분의 일 가량이 되며 새로 보충되는 신병도 삼분의 일이다. 신병과 선임자가 함께 복무하면서 교체되는 방식으로 20년 동안 제도를 시행하면 온 나라에 군사 기술을 습득하지 않은 사람이 없을 것이다. 급료에 쓰이는 비용은 절약되고 가용 전력은 증가하며 군사 기술은 항상 숙련되어 있으며 군에는 항상 새로운 기운이 감돈다. 이 제도는 독일에서 처음 창안한 것이고 유럽에서 그 효과를 보았으며 일본에서 본받았다.(유럽 대전에서는 2, 30만 병력이 움직이는 것이 보통이다. 따라서 군사가 많을 수밖에 없다.) 그러나 이 방법을 제대로 시행할 수 있는 까닭은 외국에서는 군사력을 중시했던 데 있다. 외국의 국민들은 군인이 되는 것을 영광으로 생각했다. 그들은 나라의 힘을 생각하고 하고 자신의 살 길만을 생각하지 않았다.(중국의 군사들은 생계를 위해 입대한다. 따라서 노쇠화가 심각했고 병력감축도 어렵다.) 그리고 상공업 종사자가 많고 할 일이 없는 사람이 적어서 군복무 시절에는 기술을 발휘했고 군대에서 나오면 바로 자신의 직업을 가질 수 있기 때문에 실행이 가능했다. 중국에서 만약 그것을 따라한다면 3년간 군사훈련을 시키고 자격을 주며, 예비군으로 물러나 살던 곳으로 돌아오면 급여를 현역의 절반 수준으로 주어 해당 지방의 경찰요원으로 활용하게 할 수 있을 것이다. 직업을 바꾸어서 멀리 떠난 사람에게는 급여를 지급하지 않는다. 3년 후에는 다시 서양의 경우처럼 후비군에 편제시키고 유사시에는 다시 소집하니 서양의 반 정도는 효과가 있을 것이다.

군대의 간부와 사병에게는 모두 두 가지 본분을 가르친다. 하나는 충애忠愛를 아는 것이고, 다른 하나는 염치廉恥를 아는 것이다.(서양 군 간부가 군사[武備]학교 학생들을 교육하면서 이렇게 말했다. "당신들은 먼저 자신들이 중국 사람임을 알아야 한다. 앞으로 공부를 마치면 오로지 국가를 위해 있는 힘을 다해야 한다. 전투에서 용감히 싸우지 않음은 국가의 수치이며 자신의 수치이다. 이러한 마음이 없다면 서양의 군사와 동등한 기술을 연마한다고 하더라도 소용이 없다." 서양의 군사서적에서도 이런 의미의 말이 있다. 일본의 한 장교는 관에서 지급된 책을 항상 몸에 지니고 다녔는데 호북에 온 어떤 장교의 것을 보니 가지고 다닌 것들이 중국에서 대대로 전해 내려오던 「출사표」, 「정기가」 등 충의에 관한 글이었다.) 군인이 충애를 알고 염치를 알 수 있는 길은 하나, 무공 숭상이다. 나라의 군주가 제독의 옷을 입고 이웃 나라의 군주와는 서로 무장의 직함을 교환하고, 전쟁이 있을 때는 배고픔과 추위에 대비하며, 전사자의 가족에게는 생존의 조건을 제공하고, 군인이 사망했을 때는 군주가 몸소 조문하며, 군인이 부상을 입었을 때는 성의껏 치료하면, 군인의 존귀함이 문신을 넘어서고 군인의 자기 사랑은 온 국민들을 뛰어넘게 된다. 나라를 강하게 하는 근원은 바로 여기에 있다.

현재 조정 안팎의 인사들은 군사 훈련을 가장 중요한 일로 생각한다. 그러나 그들에게 학당 교육은 시키지 않고 기술교육도 부실하다. 외국에서 공부하지 않으면 기능이 아무리 정밀해도 숙련이 되지 않는다. 상부에 분발해서 싸우려는 마음이 없이 군사력을 강조한다면 군대가 아무리 쓸 만해도 힘을 쓸 수 없을 것이다.

누군가 "옛날에 손자, 오자, 한신, 악비, 척계광, 최근의 강충원, 탑제포, 나택남, 이시오, 다탁 등을 서양인과 싸우게 하면 이길 수 있지 않을까?"라고 묻는데 "이길 수 있다!" 그래도 서양의 것을 배우는가? "꼭 배워야 한다." 군대는 군율에 따라 나선다는 것은 성인들이 분명히 밝혔다. 나를 알고 적을 알면 군대는 잘 운영된다. 나중에 일어선 사람이 이기는 것은 예나 지금이나 모두 통용되는 진리이다. 군대의 운영은 유학에서 최고의 핵심이다. 호문충胡文忠(장지동)은 독서를 통해 그와 관련된 격언들을 확인했다.(『손자』「화공」편은 서학보다 먼저 등장했다. 「모공」편의 "그 다음은 외교를 치는 것이다(其次伐交)", 「구지」편의 "제후의 의도를 모르면 편하게 외교할 수 없다[不知諸侯之謀者, 不能預交]", "천하의 외교를 다투고 천하의 권세를 기른다."는 것은 모두 서양 군사행동의 핵심이다. 『오자』의 "땅은 말을 가볍게 하고 말은 수레를 가볍게 하고 수레는 사람을 가볍게 하고 사람은 전쟁을 가볍게 한다."는 말은 서양의 길 닦기와 부합한다. "한 사람이 전쟁을 공부하면 열 사람을 가르치고 만인이 전쟁을 배우면 3군이 된다."라는 말은 서양에서 간부교육을 중시했던 것과 부합한다. 사람이 탈 동물을 기르는 것은 서양의 말 기르기와 부합한다.) 충애와 염치를 안다면 공부할 수밖에 없을 것이고 공부하지 않으면 충애와 염치를 알 수 없다. 명장들이 작금의 판세를 주도케 하려면 반드시 일찍 병기를 익히고 병법에 밝아져야 한다. 그러면 중국의 정세에 관여하는 것이 모방에서 벗어나면서도 정세에 부합할 수 있으며 창조적이면서도 중심 가치에 부합할 수 있다. 그리고 다시 충의의 기운을 드높이고 바른 길을 가는 책략을 운용한다면 승리할 수밖에 없지 않겠는가? 최근의 무신들은 나태하고 아둔하며 모두가 규율이 문란해지는데도 중국의 제도만 탓하면서 죽기로 나라에 헌신하는 모습은 보여주지 않고 있을 뿐이다.

오늘날의 군사제도와 교육법은 일본과 서양이 대체로 동일하다. 대개 핵심적이고 좋은 것만을 뽑아내었기 때문에 이들 나라에서는 모두 효과를 보았고 고친 것이 없다. 한마디 하겠다. 속담에 "관리 노릇하는 것이 익숙하지 않으면 이미 이루어진 일을 보라."(不習爲吏, 視已成事)고 했다. 하물며 군인 노릇을 제대로 못하면서 지난 일도 보지 않는데 어찌 위태롭지 않을까?"

11장

광업학
礦學

  광업학은 지리학, 화학, 공학 이 세 분야가 결합해서 이루어진 학문이다. 그 이익은 아주 크지만 시행은 아주 어렵다. 돌과 흙이 마구 뒤섞여 있는 가운데서 쓸 만한 것을 골라내고 광물의 질적 우열, 광물 매장 층의 두께, 광맥의 방향과 기울기, 공사의 난이도를 측정해 내는 것은 담 너머 저편에 있는 사람을 볼 수 있는 신기한 술법과 무엇이 다를까? 서양의 광업전문가 중 우수한 자는 요구하는 인건비가 매우 높고 중국에 오려고 하지 않는다. 중국에 오는 사람들은 수준이 중급, 하급인 사람들뿐이다. 오늘날 이익을 창출하는 방법 중에 이보다 더 시급한 것은 없다. 그러나 중국 상인들 중에는 수백만의 거대 자본이 없는 데다(광산은 개발하기 쉽고 광산 한 곳에 수십 만이 든다.) 또한 수십 년간 축적된 광업학도 없다. 하지만 서양 전문가의 말에 따르면 이들이 투자를 많이 모을 수 있을까? 그리고 어떠한 광맥이든 깊지 않으면 질이 좋지 않고 물이 나오는 곳은 한 군데가 아니고 석격石隔이 하나에 그치지 않는다. 자본이 다 소진되면 중도에 멈추어야만 한다. 만약 아주 적은 자본만 준비해서 발굴하면 물과 돌을 만나면 하던 일을 멈추고 돌아서야 한다. 이것이 광업이 이익을 계속 잘 내지 못한다. 따라서 우선 기술을 잘 축적한 후 효과를 보려고 해야 한다.

최근 산동의 광산은 외국인에게 점유당했다. 산서의 광산도 서양 상인들이 노리고 있다. 동삼성의 금, 호남, 사천, 운남 그리고 사천과 운남의 국경지대 등지의 5대 금속五金(금, 은, 동, 주석, 철)과 석탄이 가장 풍부하고 다른 지방도 적지 않다. 광맥이 있는 성에서는 신사紳士와 상인의 의견을 모아서 단일한 광업학회를 설립하고 해외시찰 비용을 마련해서 몇 사람을 뽑아서 해외로 파견해야 한다. 그들이 해외의 광업학당에서 공부하고 몇 년 후 공부를 마친 후 돌아왔을 때 채굴을 도모해야 한다. 먼저 광맥의 속성을 파악한 후 기계를 구입한다. 물에 길을 열고 운행할 수 있는 방법을 개발하고 땅에 크고 작은 철로를 연결할 수 있는 방법을 마련해야 한다. 그 후 채광을 시작해야 서양전문가만 좋다고 그들을 불러 쓰지 않아도 되고, 그들을 데려다 써도 우리는 그들의 옳고 그름을 가려낼 수 있어 비웃음거리가 되지 않는다. 이렇게 된다면 차츰차츰 이루게 되니 장자에 나오는 상망象罔처럼 뜻하지 않게 우연히 얻는 것과는 경우가 다르다.

내 생각에 오늘날 만사의 근본은 석탄에 있다. 따라서 석탄광산이 다른 광산보다 훨씬 시급하다. 그리고 석탄광 개발은 땅을 깊이 파내려 가지 않으면 안 되는 일이다. 지면과 가까운 곳의 석탄은 회질이 많은 편이고 유황성분도 많은 편이어서 석탄의 질이 좋지 않을 수밖에 없다. 재래식 채굴법의 문제점은 똑바로 파고들어가지 못하여 깊이 들어갈 수 없고 물을 만나면 빨리 빼낼 수 없다. 물에 잠겨 있거나 나무로 다리를 설치하거나 가스가 모이거나 연기가 나는 네 경우 모두 탄광을 망칠 수 있다. 이럴 경우는 슬쩍 해볼 때는 소득을 얻을 수 있을지라도 소득은 많지 않고 탄광은 닫히게 된다. 몇 달이 지나면 탄광 하나를 버리게 되고 일 년이 지나면 산 하나를 바꾸어야 하고 인력도 고갈되며 좋은 석탄도 얻을 수 없다. 중국의 온 산을 다 파헤치더라고 쓸 만한 석탄광 하나를 얻을 수 없다.(증기기구는 유연탄과 무연탄만을 써야 한다. 철이나 강을 제련하는 데는 코크스가 필요하다. 양질의 석탄이 아니면 코크스를 만들어 낼 수 없다. 서양의 기계와 서양의 제련법이 아니면 좋은 물건을 만들 수 없다. 이것도 광물과 광산이 서로 적절히 결합되는 경우이다.) 영국이 부강하게 된 사례를 살펴보면 영국은 석탄광 때문에 흥성했다. 따라서 서양 사람들이 말하는 석탄광이 나라와 국민들에 주는 도움은 이익 면에서 현실적으로는 5대 금속을 능가한다. 5대 금속이 부족하면 다른 것으로 대체할 수 있지만 석탄은 무엇을 대체할 수 있는가? 석탄이 고갈되면 기계는 멈추고 온갖 일들이 중단된다. 부강을 도모할 방책이 있어도 착수할 방법이 어디에 있는가?

서양에서 하는 많은 일들은 무릇 먼저 기술을 배우고 나중에 일을 하는 것이 원칙이다. 장교를 먼저 양성하고 병사를 훈련시키며 항해사를 양성한 후 군대에서 배를 사며 기술자를 양성한 후 물건을 제조하고 광업기술자를 양성한 후 광산 개발에 들어간다. 이는 시작은 늦은 것처럼 보일지 모르지만 도리어 나중에 속도가 빨라져서 비용도 절감되기 마련이다. "교육이 다 끝난 다음에야 광산개발을 시작하면 시간적으로는 아주 급한데 필요한 것을 나중에 손에 넣으면 어떻게 하나?"라고 말할 수도 있다. 그러면 방법을 약간 바꾸면 된다. 성 관할 구역 내부의 광산 하나를 골라 서양사람 중 경력이 있는 사람을 초빙해서 함께 일을 하면 된다. 모든 인력 활용과 기계의 구입은 그 사람에게 맡겨 따르고 방해해서는 안 된다. 계약은 광물 생산의 성과가 있으면 이익을 우대해서 배분해주고 정해진 기간 내에 성과가 없으면 처벌을 하기로 한다. 그리고 국局 내에 광업학당을 설립하고 광산에서 생산이익을 낸 다음에는 우리 학생과 위원, 장인들은 모두 학업을 마친다. 이것이 광산을 광업학교로 활용하는 방법이다.(그러나 시행 지역을 이 성만으로 엄격히 제한해야 한다. 만약 모든 성에서 이렇게 한다면 손해가 막심할 것이므로 그렇게 되어서는 안 된다.)

『예기』「예운」편에는 이런 말이 있다. "땅은 그 보배를 아끼지 않으며 사람은 그 정을 아끼지 않는다." 만약 사람이 깊이 생각하지 않고 한 가지만 생각해서 땅을 파서 부유해지려고 하여, 편히 앉아서 지시해서 요행히 큰 이익을 얻는 것은 이루어질 수 없는 생각이다. 또 다른 방법이 있다. 서양인과 함께 투자해서 채굴을 하고 지분에 따라 원금과 이자를 나누되 서양의 지분은 30~40%로 제한하며 절대로 반을 넘지 않게 하는 방법이다. 간단하면서도 폐

단은 없다. 모두를 서양인이 소유하고 좋은 광산은 개발할 수 없는
것보다는 낫지 않을까? 이 방법은 3년 전이라면 틀림없이 여론에
의해서 제지당했다. 지금은 가능할지도 모르겠다.

12장

철도
鐵路

사, 농, 공, 상, 병 다섯 분야의 학문의 문을 모두 열 수 있는 사업이 있는가? "있다. 철로다." 사의 이점은 견문을 넓히는 데 있다. 농의 이점은 땅의 생산을 활발히 하는 데 있다. 공의 이점은 기계를 이용하는 데 있다. 상의 이점은 일의 속도를 높이고 운송비를 줄이는 데 있다. 병의 이점은 징용, 징집의 속도를 높이고 식량기계를 갖추는 데 있다. 삼대에는 도로가 큰일이었음이 『주례』, 『월령』, 『좌전』, 『국어』에 쓰여 있다. 서양이 부강한 근본 원인도 여기에 있다. 중국의 도로정책은 오래도록 방치되어왔다. 산으로 가면 길은 돌밭이고 못가로 가면 진흙구덩이다. 도시는 정비가 안 되어 있고 벽지는 교통이 통하지 않는다. 이 때문에 사람은 다른 곳으로 길 떠나기를 싫어하고 물자는 어렵사리 먼 곳에 전달된다. 사에게 철로가 있다면 유람을 떠나기가 쉽고 좋은 벗이 오기가 쉽다. 농부에게 철로가 있다면 흙찌꺼기나 더러운 흙 하나 버릴 것이 없다. 상인에게 철로가 있다면 급하게 필요한 물건은 기일을 맞추는 데 가로막는 것이 없다. 공업인에게 철로가 있다면 기계가 전달되지 않는 곳이 없다. 광산에서 캐낸 것이 모두 나오며 석탄은 부족하지 않게 된다. 군대에 철로가 있다면 정예군사 30만 명을 양성하고 어느 쪽에서든 방비를 튼튼하게 할 수 있다. 다섯 분야 학문 모두에 걸쳐서 공통된 이로움은 두 가지이다. 하나는 하루에 해야 하는 수고를 더는 것이다. 열흘 동안 하는 일을 하루에 할 수 있으며 관리들은 무지하지 않고 백성은 고생하지 않으며 시기를 놓치지 않는다. 다른 하나는 풍조를 이루는 것이다. 지금까지의 모든 나태한 습관은 자연스럽게 개선될 것이고 어리석게 남의 말을 쉽게 믿는 풍조는 자연히 줄어들어 단절되고 다시 일어나지 않을 것이다. 관리의 행정은 순조롭고 백성의 고통이 사라지며 문서를 전달하는 사람이 가는 길에는 장애가 없고 요역이 어지럽지 않고 재난으로 근심하는 일이 없어질 것이다. 이들 모두가 서로의 원인이 되어 스스로 좋아지는 것이다. 이렇게 된다면 천하는 한 집처럼 되고 중국은 손발처럼 되어 70만 리나 되는 땅이 모두 그 영역이요 400조나 되는 사람이 모두 그 안에 사는 사람이 된다. 사람의 몸처럼 기맥이 잘 통한 후에 운동이 있으며 귀와 눈이 밝아져야 지각이 있고 심지心知가 깨어 있어야 어떤 것을 도모할 수 있다. 귀와 눈은 외국의 신문이고 마음과 앎은 학당이며 기맥은 철로다. 철로가 갖추어지지 않으면 다섯 분야 학문이 열리는 날은 없을 것이다. 철로로 가지 못하는 곳에는 우선 말이 다니는 길과 손수레가 다니는 길을 많이 고쳐야 한다. 백성을 부유하게 하고 정치를 잘하는 것은 그다음의 문제이다. 동서양 각국을 두루 살펴보면 최근 30년 동안 철로를 중요하지 않게 생각한 곳은 없다. 철로의 수가 날이 갈수록 증가해 거미줄처럼 촘촘히 놓여 있다. 큰 나라의 철로는 수십만 리이고 작은 나라의 철로는 2~3만 리이다.(동서양 각국에는 모두 철로회가 있어서 철로의 문제점을 개선하고 새로운 기술을 연구하며 3년에 한 번씩 사람을 충원한다.) 오늘날 중국의 간선 철도는 북쪽의 노구蘆溝에서 시작해서 남쪽의 광주廣州까지 이어지며 총공사가 공사를 책임진다. 뒤이어 지선들은 나누어 설치함이 노력을 줄이고 이익을 늘린다. 더욱 편한 점을 말하면, 서양의 돈을 빌리려면 저당이 필수인데 철로보수 한 가지 사업에서 돈을 빌릴 때 이 철로를 담보로 설정한다면 다른 담보가 필요 없다. 상인들이 이렇게 하면 상인에게 이익이 되고 나라에서 이렇게 하면 나라에 이익이 된다. 더구나 지금 동해의 영해권을 우리 중국은 서양 여러 나라들과 공유하고 있는 상태다. 문호가 막힌 것이 꼭 물고기 가시가 목에 걸린 꼴이다. 나라 안에 철로가 없다면 다섯 방향으로 모두 길이 막히고 묶인 채로 꼼짝 못하고 앉아 있는 것이다. 남들은 바다를 돌아다니는데 우리는 몸이 위축되고 마비된 채로 집안에만 있는데 중국에 무슨 생기가 있겠는가? 예전 위나라 태무(북위의 태무제)는 유송劉宋(유유劉裕가 건국한 남북조 시기 남조의 송나라)을 발 없는 나라라고 조소했다. 이를 통해 여기서 두 나라의 승부를 결정하는 원인을 비교해보니 북조에는 말이 많았고 남조에는 말이 없었다. 이와 유사하게 오늘날은 바다에 군대와 군함이 없고 육지에는 철로가 없는 형국

역시 발 없는 나라다. 지금에 와서 그것을 추진하려니 시간은 이미 늦었다. 다시 꾸물거리고 망설이면 다른 사람이 나 대신 모든 일을 다 할 것이다.

13장

중국과 외국 학문의 만남
會通

『역전』에서는 통通이라는 말이 수십 번 나온다. 즐겨 공부하고 깊이 생각하여 마음에서 그 뜻을 알게 되는 것이 바로 통이다. 얕은 견해로 도리를 적게 들으며 어려움에 빠지는 것을 불통이라고 한다. 오늘날의 신학과 구학은 서로 헐뜯고 멀리한다. 그 뜻이 통하지 않는다면 구학문은 신학문을 혐오하고 잠깐 부득이하게 활용하는 것이라 생각한다. 신학문은 구학문을 경시하고 당장은 갑자기 모두 다 폐기할 수가 없어서 그것을 남겨둔다고 생각한다. 네모난 장부와 둥근 구멍의 만남처럼 영원히 의견이 맞지 않음은 행동에 명분이 없고 일을 해도 성과가 없다고 의심한다고 할 수 있을 뿐이다. 『중용』에서 말하는 '천하의 지극한 정성', '사물의 본성을 다하는 것', '천지의 화육에 찬동하는 것'은 서양학문 격치格致(물리학)의 원리이다.(『대학』의 격치와 서양인의 격치는 상관이 없다. 서양 서적을 번역할 때 글자를 빌려 쓴 것에 불과하다.) 『주례』의 토화지법土化之法, 화치사시化治絲枲, 칙화팔재飭化八材는 화학의 원리다. 『주례』의

외편 169

일역一易, 재역再易, 삼역三易, 초인草人과 조인稻人이 관장하는 것 농학의 원리이다. 「예운」편의 '물건이 나쁘면 땅에 버리기(貨惡棄地)', 『중용』에서 말하는 '산이 넓고 크니 줄곧 보배를 담고 있어 여기서 흥한다'는 광산 개발의 원리이다. 『주례』에는 산우山虞, 임형林衡 같은 관리가 있는데 이는 서양에서 산림부를 독립적으로 설치한 것과 같은 맥락이다. 『중용』에 나오는 '널리 기술자를 모으면 재물이 풍족해진다(來百工則財用足)'는 상업으로 재산을 풍족히 할 수 없다면 공업으로 재산을 풍족히 한다는 말이다. 이것은 기술 중시와 생산품 유통을 의미한다. 『논어』의 '장인이 연장을 날카롭게 하는 것'과 『서경』의 '기구는 옛것을 구하지 않고 오로지 새롭다'는 작업에는 새로운 설비가 꼭 필요하다는 것을 의미한다. 『논어』의 '모든 기술자는 공장에 거한다(百工居肆)'는 공업이 그 지방에 위치할 것이 아니고 꼭 점포에서 이루어 져야 한다는 말로 『관자』의 '기술자는 관부로 보낸다(處工, 取官府)'와 같은 의미를 가진 것으로 공장 설립을 권장한다는 의미다. 『주례』의 훈방씨訓方氏, 훈방사訓四方, 관신물觀新物은 박물원과 박람회를 말한다. 『대학』의 "생산자는 많고 먹는 자는 적다(生之者衆, 食之者寡)"는 바로 서양인의 부국 정책 중 "이익을 창출하는 사람은 많아야 하고 이익을 나누는 사람은 적어야 한다"라는 주장과 뜻이 통한다. 『대학』에는 '재물을 생산하는 데는 대도가 있고, 그것을 만드는 자는 빠르다.', 『논어』에는 '민첩하면 공이 있다'고 했다. 따라서 공업과 상업, 백관의 정사, 군대의 일에서는 반드시 신속함을 중시하고 굼뜬 것을 배척했음을 알 수 있다.

이것이 바로 일은 기기로 해야 하고 통행은 철로로 해야 한다는 의미다. 『주례』「사시司市」편의 '없는 것은 있기를 바라고, 이익이 되는 것은 많아지기를 바라고, 해로운 것은 없어지기를 바라고, 사치스러운 것은 적어지기를 바란다.'는 상학의 의미로 수출품에 세금을 물리지 않고 수입품에 세금을 부과하며 수입품에 대한 세금은 때에 따라 조정될 수 있다는 뜻이다. 『논어』의 '백성을 7년 가르치면 전쟁에 나갈 수 있다.' '백성을 가르치지 않고 하는 것은 그들을 버리는 것이다.'는 무비학당武備學堂의 뜻이다.(『사마법司馬法』의 '병사를 만나도 반항하지 않는 한 적대시하지 말라. 적이 부상을 입었으면 약으로 치료해주고, 집으로 돌려보내라.'는 서양인이 전쟁을 할 때 의료 적십자회를 두는 것과 동일하다.) 『한서 예문지』의 '구류백가의 학문은 모두 옛날의 관촌官守에서 나왔다.'라는 말은 관청에서 임용하는 사람은 모두 전문학당에서 뽑아 온다는 의미다. 『좌전』의 '중니가 담자郯子를 만나서 배웠다'는 외국에 가서 유학을 한다는 의미다. 『내칙內則』의 '13세에 무작舞勺을 배우고, 열다섯 이상이 되면 무상舞象을 배우고 활쏘기와 말타기를 배운다', 『빙의聘義』의 '용감하고 강력하기 때문에 예를 행한다'는 체조體操를 말한다. 『학기學記』의 '예藝에 익숙하지 않으면 학문을 좋아할 수 없다.'는 서양인의 학교에 물건을 가지고 놀면서도 성정을 따르는 제반 도구들이 모두 갖추어졌다는 것과 같은 의미이다. 『여형呂刑』의 '간단명료하고 진실함이 많아도 용모를 자세히 살펴야 한다.'와 『예기』「왕제王制」편의 '죄의 유무가 판명나지 않은 사안은 여러 사람과 의논해야 한다.'는 사법행위가 증거에 근거해야 한다는 뜻이다.『주례』의 '조정에서 많은 평민에게 묻는다'와『서경』의 '경사와 논의하고 서민과 논의하며, 따르고 거스르면 각각 길흉이 있다.'는 상하원이 서로를 유지한다는 뜻이다.『논어』의 '많은 사람들이 좋아하는 것은 반드시 다시 살피고 많은 사람들이 싫어하는 것도 다시 살펴야 한다.'는 군주가 의회를 해산시킬 수 있다는 뜻이다.「왕제」편의 '태사는 시를 진설해서 민풍民風을 보고, 저자의 일은 물가를 보고해서 백성의 기호를 살핀다.'와『좌전』의 '사는 말을 전하고, 서민은 비방하고, 상인은 저자를 떠돌고, 공인은 재주를 바친다.'는 신문사의 의미다. 이 모든 것들이 성현의 경전에 담겨진 깊은 뜻이고 서양의 핵심가치와도 통할 수 있다. 이름과 형상, 문자의 우연한 일치, 자질구레한 갖다 붙이기는 논하지 않겠다.(예를 들면, 신神 · 기氣 · 풍風 · 정霆을 전학電學이라 하고, 만물을 품어서 빛으로 변화시키는 것을 광학光學이라고 하는 부류들이다.) 하지만 성현의 경전이 모두 이미 도리를 발견하고 제도를 만든 것은 맞지만 성현의 경전이 서양인의 기술을 습득하고 서양인의 도구를 갖추었고 서양과 같은 방식을 취했다고 말하는 것은 그르다.

공자는 "내가 들으니, '천자가 관직을 잃으면 학문이 사이四夷에 있다'고 하는데 믿을 만하다."라고 했다. 공자가 들은 말은 춘추시대 이전부터 전해진 말이다.『열자』는 화인化人에 대해 서술하는데, 목왕穆王이 멀리 여행을 하면서 서쪽지방과 점점 교류하게 되었다고 한다. 추연鄒衍은 적현赤縣이 동해에 위치해 있다고 말하는데 이것은 상선을 통해 전해들은 것이다. 따라서 고대 이집트의 상형문자는 대전大篆과 유사하고 남아메리카의 비석은 중국사람에게서 간 것이다. 따라서 중국 땅의 학문, 기술, 제도, 종교는 동쪽에서 서쪽으로 퍼져갔다. 3대에는 주인疇人이 흩어지지 않고 노자가 서쪽으로 가지 않더라도 그랬다. 그 후 서한 시대 감영甘英이 서쪽지방을 두루 돌아다닌 일, 동한의 채츰蔡愔과 진경秦景이 천축국에 보내어진 일, 마등摩騰 무리가 동쪽으로 온 일, 법현法顯 무리가 서쪽으로 간 일, 대진大秦(고대 로마)에 공죽장邛竹杖(사천성 공래邛崍에서 나는 죽장)이 있던 일, 사자국師子國에 백단선白團扇이 있었던 사실, 중국과 서양의 승려들, 바다와 육지의 상인들 간의 왕래가 잦았던 일, 성교聖敎가 점점 퍼져지면서 먼저 불국佛國을 교화했고 후에 전 유럽에 퍼졌음이 점점 분명해진다. 이는 거짓이 아니다. 그러나 학술이나 통치가 더욱 우수해지거나 잘못된 방향으로 변질됨은 피할 수 없는 현상이다. 그리고 지혜가 열린 뒤에는 마음이 동조한 후 발전의 실마리가 생기고 스스로 옛 방식에 부합하는 부분을 가지며 또한 이전 사람들을 넘어서는 부분도 가지게 된다. 이것을 중국 땅의 기술 수준을 놓고 논해본다면 산수와 역법 방면의 영역, 도야와 조직 등의 영역 등에서 현재의 것이 옛것을 능하지 못하는 것이 어디 하나라도 있는가?(일식이 일정한 주기를 가진다는 것은 진晉나라 사람이 알아냈다.) 성인이 만들었다고는 말할 수 있지만 오늘날 중국 땅의 기술 수준이 요순시대에 뒤처진다고는 말할 수 없다. 역사의 전 시기 동안의 기술을 성인이 전부 다 내놓을 수는 없고 모든 시기의 세상 변화를 성인이 전부 다 예측할 수는 없다. 따라서 서양의 제도나 학문에도 중국보다 유익한 점이 있으면서 성인의 교리를 망치지 않는 점은 없다. 예전에 증명이 되지는 않았지만 그 때문에 의혹만 품을 수는 없다. 더구나 그것을 경전을 통해 헤아려보면 잘 알 수 있지 않은가!

오늘날 서학을 싫어하는 사람들은 육경이나 역사서에서 도움이 안 되는 문장을 보고 그 문장의 옳고 그름이나 손익 정도를 따져보지 않으면서 그것들을 늘어놓기만 한다. 서양식 체조를 나쁘다고 깎아내리면서 정작 옛날식으로는 강한 군대를 양성하지도 못하거나 강철 군함이 돈이 든다고 하면서 정작 민간 선박으로 해안의 방비를 할 수 없는 자들이 그 경우는 스스로를 막는 것이다. 스스로를 막으면 사람들이 융통성이 없고 오만하게 되어 스스로 함정에 빠져서 위험에 처해 망한다. 서양의 방식에 대한 약간의 지식만 있는 사람은 경전에서 언급되어 전해 내려온 것을 대강 알고 있으면서 이것이 중학의 전부인 양 알고 있다. 차근방借根方이 동래법東來法이라 뽐내면서 산학算學을 배우지 않는 사람, 화기火器가 원나라 태조가 서역을 정벌할 때 남기고 온 것이라고 우쭐대면서 총포제조를 중요하게 생각하지 않는 사람들은 스스로를 속이는 것이다. 스스로를 속이면 쓸데없는 말로만 이기려 하고 정작 현실에는 관심을 갖지 않는다. 서학에 빠져 있는 사람들은 중학과 서학을 가져다 마구 섞어놓고 중국과 서양이 다르지 않다고 착각한다. 『춘추』가 곧 공법이라고 하고 공교孔敎가 곧 예수라고 하는 말들은 자기

혼란이다. 자기혼란은 사람을 판단력을 잃고 쉽게 정신이 나가 지켜야 할 것을 잃게 만든다. 이 세 가지 폐단을 종합해보면 모두가 통通을 알지 못한 데서 기인하였다. 불통의 폐해는 입으로 말만 끝없이 늘어놓아서 사람들의 비호감을 사며 말하는 데만 신경 쓰고 행동에는 신경 쓰지 않아서 결정이 나지 않아도 군대가 강을 건너도록 한다. 그렇다면 어떻게 해야 하나? 답은 이렇다. 중학은 내학內學이며 서학은 외학外學이다. 중학은 몸과 마음을 가다듬고 서학은 세상일을 처리한다. 경문에서만 다 찾을 필요도 없고 경전의 가르침에서 다 벗어날 필요도 없다. 마음은 성인의 마음이고 행동은 성인의 행동이면서 효제충신을 덕으로 삼고 군주를 잘 섬기고 백성을 보호하면서 정사를 펴나간다면 아침에는 증기기관을 움직이고 저녁에는 철로를 달린다고 해도 성인의 집단에는 해를 끼치지 않는다. 만약 갈피를 못 잡고 게으르며 아무런 뜻이 없이 헛된 말을 늘어놓아 아무런 쓸모가 없고, 혼자 꽉 막혀 있으며 오만하면서도 고치려 하지 않고 앉아서 국가를 망하게 하면서 성인의 교리를 절멸시킨다면 얌전히 관을 쓰고 있거나 말을 조용히 한다고 하면서 손으로는 주注와 소疏를 쓰고 입으로는 성리性理를 말하지만 온 세상이 대대로 그를 원망하고 욕하며 이들은 요순공맹의 죄인일 뿐이다.

14장

전쟁중지론 비판
非彌兵

나라에서 군대는 사람으로 치면 공기라고 할 수 있다. 간장의 피가 기를 돕기 때문에 『황제내경』에서는 간을 장군으로 본다. 사람은 기가 없으면 살 수 없고 나라에 군대가 없으면 존속할 수 없다. 오늘날 머리 좀 쓴다고 하는 식자들은 세상일이 날로 매서워짐을 목도하고 전쟁을 막을 도리가 없음을 개탄한다. 그래서 서양의 전쟁중지 동맹에 가입해서 동양의 평화를 지키자고 주장한다. 이들은 아주 무료하고 치욕을 부르는 자들이다. 향술向戌이 전쟁을 중단시키자 자한子罕은 그가 속임수를 써서 제후들을 속였다고 비난했다. 하물며 오늘날 세계적 강대국을 도대체 누가 속일 수 있으며 그들을 기만할 수 있단 말인가? 오스트리아헝가리 제국이 전쟁중지 동맹을 맺고 몇 해가 지나자 러시아가 터키를 공격하는 것을 필두로 전쟁이 재발했다. 얼마 되지 않아 독일이 아프리카를 침공했고, 뒤이어 영국이 이집트를 침공했고 또다시 영국이 티베트를 침공했으며 뒤이어 프랑스가 마다가스카를, 스페인이 쿠바를, 터키

가 그리스를 연이어 공격했다. 오스트리아 헝가리 동맹에 노연자
魯連子처럼 전쟁을 중재하여 중단시키는 자가 있다고 들은 바가 없
다. 최근 20년 동안에는 이 나라에서 군함을 증축하고 저 나라에
서 새로이 군자금을 조달해서 서로 패권을 다투지만 그런 행위가
멈춘 적은 없다고 들었다. 우리에게 군대가 있다면 약한 나라가 우
리를 두려워하고 강한 나라가 우리와 친선관계를 맺을 것이다. 유
럽과 연합한다면 유럽이 승리하고 아시아와 연합한다면 아시아가
이길 것이다. 이렇게 되면 전쟁을 일으키는 것과 중지하는 것 모두
우리 중국이 주도할 수 있다. 우리에게 군대가 없으면서 다른 나라
의 전쟁중지를 바란다면 또다시 온 나라의 웃음거리가 되지 않겠
는가? 『효경』을 황건적에게 읽어주어도 황건적은 듣지 않는다. 추
우騶虞기를 들어 전쟁을 멈추려 하지만 싸움은 멈추지 않는다. 정
말로 전쟁을 중지하고 싶다면 군사력을 구축하는 것이 가장 좋은
방법이다. 바다에는 전함 50척, 육지에는 정예병 30만이 있으며 날
이 갈수록 군대의 규모가 커지고 전함도 많아지며 포대가 견고해
지고 무기가 풍부해지며 철도가 잘 놓여 있다면 각국은 이를 보고
선뜻 먼저 움직이려 하지 않는다. 군사동맹이 깨지면 반드시 전쟁
에 나서며 전쟁에서 불안하게 모험을 걸거나 구차하게 목숨을 이
어가는 일은 절대 없다. 상황이 이러하면 일본은 우리 편에 서고
서양은 중립을 지켜서 동양의 평화가 이루어질 것이다. 『관자』에는
"전쟁을 중지하자는 주장대로 한다면 위험을 막아내기 어렵고 생
명을 보전하자는 의견대로만 한다면 염치가 바로 서지 않는다."라

는 말이 있다. 전쟁 중지의 의견을 내놓으면 조정 안팎 각계각층에서 이 동맹이 결성되기를 앉아서 기다리며 다시는 위기를 걱정하거나 안정을 도모하는 마음가짐이나 적에 맞설 태세를 갖추지 않을 것이다. 성마다 군사의 숫자가 아주 적고 인원이 줄어도 채워지지 않고 그나마 있는 군대도 훈련을 하지 않으며 무기는 썩어가고 진지는 텅 비어 있다. 문무 고위 관료들은 태평하게 희희낙락하는데 하급 관리와 일반 백성들은 가난에 허덕이며 충언은 먹혀들지 않고 쓸 만한 사람도 찾지 않으며 언론도 막히고 인재는 사라져버릴 것이다. 우리가 이처럼 어리석고 생각이 없음을 주변국들이 보면 단숨에 찢어놓아 우리는 아주 빠르게 사라져갈 것이다. 무기도 휴대하지 않고 산에 가면서 호랑이가 사람을 물지 않기를 바라는 것은 허무하지 않은가?

또한 국제법(공법)설을 굳게 믿는 어떤 이는 국제법이 믿을 만하다고 하는데 그도 어리석기는 마찬가지다. 모름지기 힘이 대등해야 공법도 있는 법이다. 서로 힘이 다른데 법이 어디에 있는가? 예부터 여러 나라가 대치하고 있을 때는 힘이 대등하면 기세로 겨루었으며 기세가 대등하면 지혜로 겨루었다. 법으로 대립을 끝내는 경우는 들어보지 못했다. 오늘날 세계 각국의 관계는 작은 나라와 큰 나라의 외교 상황이 다르고 서양 국가와 중국의 외교 상황이 또 다르다. 예를 들어 수입관세는 주인이 정하는 것이지만 중국은 그렇지 않다. 외국계 회사는 주재하고 있는 나라의 통제를 받지만 중국에서는 그렇지 않다. 각국의 통상은 해변의 항구에서만 이루어지고 내륙의 물길로는 들어오지 않지만 중국은 그렇지 않다. 중국 상인과 서양 상인 간에 살상이 벌어지면 중국인이 저지른 살인은 중대한 사건이고 서양인들이 저지른 살인은 하찮은 사건에 불과하다. 처리방안을 서양인은 검토할 수 있지만 다른 나라는 볼 수 없다. 만국공회에 참가할 수 없는데 우리가 국제법을 말하는 것은 아무 쓸모도 없지 않는가? 전쟁중지가 웃음거리이고 국제법이 허튼 소리임을 깨닫고 그것에서 벗어나 우리 자신 안에서 활로를 모색하는 것 말고 무엇이 있을까!

15장

종교적 관용
非攻敎

　다른 교파 간의 대립은 주나라 이후 진나라 이전 시기부터 있어
왔다. 유가와 묵가가 대립하고 노자와 유가가 대립했다. 장자는 도
가이지만 다른 도가와 대립했으며 순자는 유가이지만 다른 유가
와 대립했다. 당나라에서는 유교와 불교가 대립했다. 후위後魏와 북
송北宋 시대에는 도교와 불교가 대립했다. 유가는 다른 교파를 비
판하면서 흑백을 판별했으며 다른 교파는 서로 비판하면서 성쇠를
다투었다.(유럽에서는 신교와 구교의 분쟁으로 군사적 충돌이 수십 년 동안
있어왔으며 성직자들도 세력다툼을 하면서 혼란스러워졌다. 이들은 옳고 그
름을 가리면서 싸운 것이 아니다.) 오늘에 이르러 옳고 그름은 아주 명
백해졌다. 우리 공맹이 전해준 극히 공정한 성교聖敎는 태양과 달이
동시에 중천에 떠 있는 것처럼 밝게 빛난다. 하늘의 도리가 순수하
고 인륜이 지고해서 먼 지방과는 풍속이 다르면서 비난할 부분도
없다. 따라서 요즘 성인을 따르는 사람들은 성인의 도가 쇠퇴할 것
을 우려하고, 그것을 지키고 발전시키려고 생각하면서 교파싸움이

아닌 정치개혁에 집중해야 한다. 이것이 과거와 현재 상황의 다른 점이다.

중국과 외국의 왕래가 보편화되고부터 서양 교회가 온 중국에 가득 찼다. 선교는 조약을 계기로 합법적으로 이루어졌고 교회를 불태워버리는 일은 황제의 지시에 따라 엄금되었다. 산동에서 일어난 선교사 살인사건을 구실로 독일은 교주膠州(산동)를 불법 점령했다. 여러 나라들이 이 기회를 틈타 요구를 했고 중국의 상황은 갈수록 긴박해져갔다. 뜻있는 사람들은 학문을 닦고 충의를 일으키며 우리 중국의 존친尊親의 대의를 밝히고 우리 중국 부강의 요구를 말해야 한다. 국력이 날로 강해지고 유학의 유용함이 계속 드러난다면 서양 종교들은 기껏해야 불교나 도교의 사원처럼 될 것이다. 그대로 두면 된다. 왜 해롭겠는가? 만약 여전히 연약한 모습으로 자족하여 공맹의 학술이나 정치를 힘 있게 실천하지 못하고, 학식은 세상을 다스리는 데 쓸모가 없고, 능력은 나라의 위상을 신장시키기에 부족하면서 실속 없이 욕하고 이기기를 바라면 무슨 이익이 있겠는가? 이익이 없는 데 그치지 않고 학자가 의견을 제시하면 어리석은 백성들은 그것에 동조하고 악인들은 그 기회를 이용한다. 도적패와 유병遊兵들은 꼬투리를 잡아 약탈을 일삼고 까닭 없이 분쟁을 일으킨다. 위로는 군주의 걱정거리를 남기고 아래로는 침략당하는 재난을 불러일으킨다. 이런 일들이 어찌 지사인인志士仁人이 참을 수 있겠는가? 이뿐만이 아니다. 해상의 견문이 점점 거리낌 없어지고, 중국과 서양 간의 경계선이 점점 변한다. 나라

안을 돌아보면 어리석고 우매한 일반인과 어린아이들이 서양의 복장을 한 사람을 보면 시끄럽게 떠들며 그들을 따라가고 돌을 던져 쫓아내며 크게 소리치고 일어선다. 까닭도 모르고 그렇게 한 사람이 선교사인지 아닌지 유럽 사람인지 아메리카 사람인지를 묻지는 않는다. 까닭 없이 욕을 하는 것은 무례한 행위다. 서양 사람들은 한 부류가 아니다. 세관에서 일하는 사람, 관청에서 뽑아 온 사람, 여행하는 사람, 선교하는 사람 등등이 있다. 이들을 구분하지 못하고 모두에게 나쁜 감정을 가지고 싫어하는 것은 사리분별을 못함이다. 조서를 시행하지 않으면 법을 어긴 것이고 수백 명이 한두 사람을 때리면 무사도에 어긋난다. 공공의 적에게는 겁을 먹고 사사로운 싸움에만 용감히 나서는 것은 부끄러움을 알지 못함이다. 따라서 외국에서는 심심찮게 중국은 교화가 되지 않았다고 말한다. 이런 미치광이들이 어떻게 해야 자신을 알 수가 있을까?

항간에 떠도는 말로는 선교당마다 황당하고 잔인한 일이 일어난다고 한다. 사람들의 눈을 넣어서 약을 만들고 강산強酸을 만들고 납을 찍어 은을 만든다고 말하는데 이 모두가 잘못된 생각들이 퍼진 것으로 절대 믿을 수 없다.(광서 17년[1891년] 선창宜昌 교회사건이 일어나기 전에는 교회에서 데리고 있는 유아 70명을 데려다 조사해보니 모두가 눈이 없었다는 말이 돌았고 누구나 그렇게 이야기 했었다. 조사위원을 파견해서 동부현同府縣에서 일일이 검사토록 하니 그렇지 않았다. 한 사람만 눈이 멀었는데 눈가는 안쪽으로 푹 들어갔고 눈은 남아 있었다. 그 사람과 그의 부모는 모두 천연두 때문에 생긴 상처라고 말했다. 그러자 사람들의 의심이

해소되기 시작했다. 또 광서 22년의 강음江陰 교회 사건에서는 열생劣生이 교회를 상대로 사기를 쳐서 재물을 취득했다. 그가 죽은 아이를 묻어서 모함하려고 하였음을 그 지방 사람들이 모두 알고 있었다. 그는 바로 자백해서 사건은 빨리 끝났다. 이는 모두 최근의 증거들이다.) 서양의 종교가 창시된 후 지금까지 1000여 년을 생각해보면 서양 종교는 지구상의 수십 개 국에 퍼졌고 신교와 구교가 세력다툼을 하며 충돌을 일으켰던 일이 아주 많았는데 잔인한 행위를 구실로 삼은 적은 없다. 이런 일이 실제로 있었다면 서양 사람들은 벌써 교회 때문에 몸이 참혹하게 상해서 몸에 온전한 부분이라고는 하나도 없고 종족보존도 하지 못했을 것이다. 만약 서양 사람들은 죽이지 않고 중국 사람들만 해쳤다고 말한다면 중국과 서양 사이의 교류가 있기 이전의 1000여 년 동안에는 약, 강산, 은괴는 어떻게 얻을 수 있었단 말인가? 그리고 오늘날 외국 여러 나라에서 필요로 하는 약, 강산, 은괴는 하루에도 셀 수 없이 많다. 중국에는 성마다 교회가 있지만 어떻게 날마다 수천만의 신도를 죽이고 매일 수천만의 눈동자를 뽑아내서 수요에 맞추어 공급할 수 있다는 말인가? 옛말에 "흘러가는 구슬은 구덩이에 빠지면 멈추고 떠도는 말은 지혜로운 자에서 멈춘다."라고 했다. 관리, 관리였던 사람, 아직 관리가 되지 못한 사람들 모두가 어리석은 자들을 계도할 책임이 있다. 무지해서 외국인의 웃음거리가 되지 말아야 한다.

해제

『권학편』은 정부 고위 관료의 정책구상서다. 사상가나 혁명가가 아닌 관료의 서적이 사상사에서 중요한 지위를 갖는 일은 독특하다. 이 책은 구체적인 정책실무나 권력의지를 담은 정견구상을 뛰어넘는 의미를 띠기 때문에 사상사적으로 재조명받는 저서로 자리 잡을 수 있었다. 기나긴 기간 지속된 청 제국 체제의 동요는 지식의 재편도 요청했다. 『권학편』은 관직에 있는 동안 교육에 힘을 쏟은 고위 관료가 중국이 처한 위기상황, 중국의 전통학문과 서양의 신지식에 대한 지식을 바탕으로 이러한 요청에 응답한 결과물이다. 1898년 집필이 완성된 후 광서제는 이 책에 대해서 "학술과 인심人心에 크게 유익하다."라고 칭송했다. 이러한 평가를 받고 전국에 배포된 결과 약 200만 부가 인쇄되어 당시의 베스트셀러로 등극했다. 또한 새로운 지식을 배우는 수단으로 해외유학을 권장하고 있어서 청일전쟁 이후 중국에서 성행한 일본 유학의 지침서로도 알려져 있다. 이 책의 존재는 해외로도 알려져 비교적 빠르게 1900년에는 영어, 1909년에는 프랑스어로 번역되었다. 영어 번역본의 제목은 '중국의 유일한 희망China's only hope'이었다. 고전적인 용어로 새로운 지식을 배우라고 권하는 이 책에서 한 나라의 희망을 논한다는 것은 당시 신지식의 수용이 단순한 지적 성장이나 지적 호기심 충족을 넘어서 한 나라의 운명을 좌우하는 중요한 요소로 사유되었음을 말해준다.

『권학편』은 총 분량이 4만 자이고 내편 9편, 외편 15편으로 구성되어 있다. 저자는 내편은 인仁을 추구하는 것이고 외편은 지혜와 용기를 추구한다고 밝힌다. 인과 지혜, 용기라는 추상적 용어 뒤의 실질적 내용을 보면, 내편은 중국의 실존과 가치를 칭송하고 보호하는 논설로 이루어져 있고, 외편은 중국이 배워야 할 새로운 지식을 습득하는 방법과 배워야 할 내용을 소개하고 있다.(내·외편의 내용은 저자가 서문에서 직접 친절히 소개하고 있다.) 외편과 내편에 걸쳐 책의 저변에 흐르고 있는 기조는 중국이 살아남아야 한다는 절박함이다. 특히 학교 설립을 논하면서 "백노伯魯는 공부에 관심이 없어서 망했다. 월나라의 구천은 10년 동안 교훈을 곱씹어서 일어섰다. 국가의 흥망은 또한 선비에게 있는 것이다."라고 말하면서 국가 흥망의 관건이 교육에 있음을 강조했다.

중국이 처한 생존의 절박함을 해소하기 위해 요청한 것은 제도와 기술을 아우르는 각종 서양 학문이었다. 그러면서도 중국이 오랫동안 유지해온 가치를 버리거나 민권설을 수용해서 권력을 백성에게 양도하는 것은 결코 있을 수 없다고 주장하고 있다. 이는 가치와 정치체제는 유지하면서 생존을 위한 지식은 바꿀 수 있다는 일종의 이원론이다. 이 이원론은 중학(중국의 전통학문), 서학(서양제도, 기술, 역사에 관한 학문)이 구성하며 장지동은 중학과 서학을 구학舊學과 신학新學, 내학內學과 외학外學이라고 부르며 둘의 병존을 주장한다. 구학과 신학의 관계는 유명한 "구학이 본질이고, 서학이 도구다[舊學爲體, 西學爲用]."라는 유명한 체용론적 명제다. 이 명제는 '중체서용'론의 출처로 알려졌고 이 때문에 『권학편』은 양무파의 사상적 대변자로 인식되었다. 본래 중국 전통철학에서 체와 용은 불가분의 관계다. 그래서 중체서용론은 소와 말을 한몸에 붙여놓는 것과 같은 우스꽝스런 주장이라는 비아냥도 들었다. 고위 관료로서 청조에 대한 충성심이 강하고 중국의 전통적 가치를 소중히 여겼던 장지동이 전통적 인식론에 반하는 파격적인 주장을 내놓은 것은 그만큼 새로운 지식 수용의 필요성이 절실했기 때문이다.

장지동 사상의 개성은 그의 의도와 무관하게 고루한 유교 원리주의도, 기계적 절충주의도 아니다. 그의 눈에 당시의 구학은 정수가 점점 상실되어 서학에 비해서 초라했고 과거시험을 위해 장구에만 매달리는 유학이 현실에 아무런 도움이 되지 않았다. 반면 정치, 농업, 공업, 경제, 상업, 군사 분야의 서양 지식은 실질적으로 중국의 전통적인 계층 구성원인 사농공상의 지혜이자 부강을 길러내는 방안으로 칭송받는다. 그가 구상한 과거제도 개혁방안도 1차 시험에는 중학경제(중국의 역사와 정치), 2차에는 서학경제(서양의 제도와 기술), 3차에는 사서와 오경을 배치한다. 여기서 관료가 되기 위해서는 반드시 제도와 기술에 걸친 광범위한 서양학문을 일정 수준 이상으로 습득해야 한다. 사서와 오경은 '불순한 사람'을 걸러내는 틀로 설정된다. 서학의 광범위한 학습과 긍정적 수용자세를 강조하는 데 비해 중학은 1~2권짜리로 요약된 교과서를 통해 빠르게 습득해야 한다고 말한다. 이런 구상에서 중학은 중국인의 기본 자질을 잃지 않기 위한 '다이제스트' 지식으로 변모하고 있다. 반면 서학에는 유학, 번역, 신문 구독 등을 통해 광범위하고 거침없는 습득의 길을 열어주고 있다.

비록 장지동이 삼강과 예의, 염치를 잃지 않는 전제에서 제도개혁을 해야 한다고 말하지만, 그의 지식 배치 전략에서 구학인 중학은 외연을 확장시킬 수 없고 핵심만 남은 채 마음에만 관여하고, 반면 신학인 서학은 부강이라는 절실한 과제에 직접 부응하는 위상이 부여되는 동시에 지속적으로 확장될 가능성을 제공받고 있다. 요컨대 장지동의 『권학편』은 중국 구체제의 붕괴에 따라 수반되는 지식체계의 붕괴, 중학에서 서학으로의 지적 패권 이동을 반영한다. 그리고 "살아 남고 싶거든 새로운 것을 배워라."라고 외치고 있다.

송인재

찾아보기

유학 16, 25-26, 55, 57, 59, 70,
  80-81, 84, 101-102, 104, 150,
  158, 171, 181, 185, 188
유학자 26, 55, 57, 59, 84
육구연 80
육군 98, 152, 155
의로움 25
의회 46-47, 61, 63-64, 66, 172
이로움 17, 25, 166
이학 73, 80-81
일본 18, 50, 70, 83, 95, 102-103,
  119, 121, 145, 156-157, 159,
  177, 185
일본어 119, 121

ㅈ
자강 67, 93
자주의 권리 63-64
장령 26, 101, 155
전국시대 70, 102
정수 18, 55, 70-73, 77, 81, 94,
  151, 188
제나라 29, 47, 101, 124
제도 14, 18, 30-31, 34, 36, 46-
  47, 60, 78-79, 83, 85, 99, 107,
  109-111, 113, 125, 127, 129-
  130, 132, 134, 136-137, 139,

  141, 156, 159, 172-174, 187-
  189
제자 24-26, 55, 57-59, 71, 73, 80
조정 14-15, 24, 26-28, 32-34,
  36-37, 39, 41, 43, 62, 64-66,
  94-95, 98-100, 102, 108-109,
  125, 129, 132, 134, 138, 158,
  171-172, 178
주나라 14, 16, 24, 45, 50, 54, 180
주례 74-75, 77, 118, 143, 165,
  169-172
주희 26-27, 45, 76-77, 80
중국 학문 18, 72, 83-84, 86
중용 19, 40, 76, 97, 127, 169-170
중학中學 67-69, 118, 120, 174-
  175, 187
중학重學 56
중학경제 135, 188
중화종족 27-28
지혜 16, 19, 24, 27, 51-52, 55-
  56, 58, 65, 90, 93, 95-97, 99,
  173, 178, 183, 186, 188
진나라 16, 35, 37, 53-54, 67, 72,
  97, 102, 124, 128, 180

ㅊ
철로 18, 93, 161, 165-167, 171,